新一代信息技术

主　编　张永良

副主编　王核心　王爱社　贾　瑛

参　编　马　洁　张　章　高　菲

　　　　冯景利　王丽丽　张亚妮

　　　　杨　兰　庞　敏　刘艾侠

北京理工大学出版社

BEIJING INSTITUTE OF TECHNOLOGY PRESS

内 容 简 介

本教材以典型案例为引导，结合信息技术发展的一些主要变化，以普及教育为主，介绍信息技术发展趋势，通过案例引入的方式介绍互联网技术、5G 技术、物联网技术、大数据技术、云计算、人工智能、区块链和量子科技八个新一代信息技术的产生背景、发展趋势及主要应用领域。通过以多方位、多角度介绍的方式，让读者能够了解新一代信息技术的内涵建设以及未来的发展趋势，充分感受新一代信息技术所展示的应用效果，了解新一代信息技术的各类应用场景，培养运用新一代信息技术的能力，提升了解新技术发展趋势的学习习惯。

本教材适用于信息技术课程拓展模块的教学应用，也可供对新一代信息技术感兴趣的读者阅读参考。

图书在版编目(CIP)数据

新一代信息技术 / 张永良主编. -- 北京：北京理工大学出版社，2022.8

ISBN 978 - 7 - 5763 - 1589 - 9

Ⅰ. ①新… Ⅱ. ①张… Ⅲ. ①信息技术 – 高等学校 – 教材 Ⅳ. ①G202

中国版本图书馆 CIP 数据核字(2022)第 143442 号

出版发行 / 北京理工大学出版社有限责任公司

社　　址 / 北京市海淀区中关村南大街 5 号

邮　　编 / 100081

电　　话 / (010) 68914775 (总编室)

　　　　　(010) 82562903 (教材售后服务热线)

　　　　　(010) 68944723 (其他图书服务热线)

网　　址 / http：//www. bitpress. com. cn

经　　销 / 全国各地新华书店

印　　刷 / 三河市龙大印装有限公司

开　　本 / 787 毫米 × 1092 毫米　1/16

印　　张 / 10.75　　　　　　　　　　　　　　责任编辑 / 王玲玲

字　　数 / 240 千字　　　　　　　　　　　　　文案编辑 / 王玲玲

版　　次 / 2022 年 8 月第 1 版　2022 年 8 月第 1 次印刷　　责任校对 / 刘亚男

定　　价 / 59.80 元　　　　　　　　　　　　　责任印制 / 施胜娟

图书出现印装质量问题，请拨打售后服务热线，本社负责调换

前 言

我国政府一直很重视信息产业的发展，制定了许多相应的产业政策，支持行业发展，特别是在当前的经济结构转型战略中，将发展新一代信息技术提高了一个战略性高度。

《国务院关于加快培育和发展战略性新兴产业的决定》中列了七大国家战略性新兴产业体系，其中包括"新一代信息技术产业"。关于发展"新一代信息技术产业"的主要内容是，"加快建设宽带、泛在、融合、安全的信息网络基础设施，推动新一代移动通信、下一代互联网核心设备和智能终端的研发及产业化，加快推进三网融合，促进物联网、云计算的研发和示范应用。着力发展集成电路、新型显示、高端软件、高端服务器等核心基础产业。提升软件服务、网络增值服务等信息服务能力，加快重要基础设施智能化改造。大力发展数字虚拟等技术，促进文化创意产业发展。"

《中共中央关于制定国民经济和社会发展第十四个五年规划和二〇三五年远景目标的建议》中指出，要发展战略性新兴产业，加快壮大新一代信息技术、生物技术、新能源、新材料、高端装备、新能源汽车、绿色环保以及航空航天、海洋装备等产业。推动互联网、大数据、人工智能等同各产业深度融合，推动先进制造业集群发展，构建一批各具特色、优势互补、结构合理的战略性新兴产业增长引擎，培育新技术、新产品、新业态、新模式，促进平台经济、共享经济健康发展，鼓励企业兼并重组，防止低水平重复建设。

信息技术已经成为推动全球产业变革的核心力量，并且不断集聚创新资源与要素，与新业务形态、新商业模式互动融合，快速推动农业、工业和服务业的转型升级与变革，全新的工业经济发展模式正在到来。

结合高职学生的认知规律，为了使学生更好地适应未来社会的发展，通过以多方位多角度介绍的方式，让学生能够了解新一代信息技术的内涵建设以及未来的发展趋势，让学生充分感受新一代信息技术所展示的应用效果，了解新一代信息技术的各类应用场景，培养学生运用新一代信息技术的能力，提升学生了解新技术发展趋势的学习习惯，培养学生独立学习、主动探究的精神，特编制此书。本书以典型案例为引导，结合信息技术发展的一些主要变化，以普及教育为主，介绍信息技术发展趋势，通过案例引入的方式介绍互联网技术、5G 技术、物联网技术、大数据技术、云计算、人工智能、区块链和量子科技 8 个新一代信息技术的产生背景、发展趋势及主要应用领域。

目录

第1章

互联网

学习目标

1. 知识目标

（1）知道什么是互联网，了解互联网与网络的关系。

（2）了解互联网的形成与发展过程。

（3）掌握互联网的相关命名规则。

（4）知道互联网的相关技术。

2. 能力目标

（1）能够正确描述互联网的概念。

（2）能够举例说明互联网在行业应用中的成功案例。

3. 素质目标

（1）以互联网思维重塑高职学生职业素质价值取向。

（2）通过给学生介绍相关网络安全法律法规，不断提升大学生网络安全意识，增强其安全防护能力，规范其网络行为，提高其网络素养。

（3）基于"互联网+"思维，引导高职学生组建创新创业系统和网络平台，能够更好地培养学生的创新创业能力，实现国家创新战略的目标。

> **拓展知识**
>
> 中国愿同世界各国一道，把握信息革命历史机遇，培育创新发展新动能，开创数字合作新局面，打造网络安全新格局，构建网络空间命运共同体，携手创造人类更加美好的未来！
>
> 2020 年 11 月 23 日
> 习近平致世界互联网大会·互联网发展论坛的贺信

导入案例：混合式教育教学综合平台

线上线下混合式教育教学综合平台是随着现代信息技术的发展而产生的一种新型教育形式，是构筑知识经济时代人们终身学习体系的主要手段。

线上线下混合式学习是以线上为主，同时，有一套学习系统可以辅助学习，导师也可以通过系统了解你的学习进度与问题，并主动为你线上辅导，在需要项目协作，特殊活动、难点任务解决与日常交流，知识拓展时，根据计划安排线下辅导。

自疫情以来，为了贯彻落实教育部关于在疫情期间"停课不停学、停课不停教"的要求，全国高校战线在极短的时间内组织了有史以来规模最大、上线课程最多、覆盖人数最广的线上教学。这既是疫情倒逼的应急之举，也是对高校"互联网＋教育"改革的一次集中展示和检验。宝鸡职业技术学院也积极参与其中，如图1－1所示，从平台反馈的数据可以看出，超过七成的学生和老师表示接受并赞成线上线下混合式教学模式，认为这种模式有助于培养学生良好的自主学习习惯，提高学习效率，增进师生交流。

图1－1　在线教育教学平台

1.1　走进互联网的世界

1.1.1　什么叫互联网?

互联网（Internet），又称网际网络或音译因特网、英特网，是网络与网络之间所串联成的庞大网络，这些网络以一组通用的协定相连，形成逻辑上的单一巨大国际网络。这种将计算机网络互相连接在一起的方法可称作"网络互联"，在此基础上发展出覆盖全世界的全球性互联网络，称为"互联网"，即是"互相连接在一起的网络"。互联网并不等同于万维网

（World Wide Web），万维网只是一个基于超文本相互链接而成的全球性系统，并且是互联网所能提供的服务其中之一。单独提起互联网，一般都是互联网或接入其中的某网络，有时将其简称为网或网络（the Net），可以进行通信、社交、网上贸易。

1.1.2　互联网的形成与发展

互联网是网络与网络之间所串联成的庞大网络，如图 1-2 所示。这些网络以一组通用的协议相连，形成逻辑上的单一且巨大的全球化网络。在这个网络中，有交换机、路由器等网络设备、各种不同的连接链路、种类繁多的服务器和数不尽的计算机、终端。使用互联网可以将信息瞬间发送到千里之外的人手中，它是信息社会的基础。

图 1-2　互联网时代

- 1978 年

1978 年，UUCP（UNIX 和 UNIX 拷贝协议）在贝尔实验室被提出来。1979 年，在 UUCP 的基础上新闻组网络系统发展起来。新闻组（集中某一主题的讨论组）紧跟着发展起来，它为在全世界范围内交换信息提供了一个新的方法。然而，新闻组并不认为是互联网的一部分，因为它并不共享 TCP/IP 协议，它连接着遍布世界的 UNIX 系统，并且很多互联网站点都充分地利用新闻组。新闻组是网络世界发展中的非常重大的一部分。

第一个检索互联网是由 PeterDeutsch 和他的全体成员于 1989 年在 Montreal（蒙特利尔，加拿大主要城市）的 McGillUniversity（加拿大麦吉尔大学）创造的，他们为 FTP（File Transfer Protocol，文件传输协议）站点建立了一个档案，后来命名为 Archie。这个软件能周期性地到达所有开放的文件下载站点，列出他们的文件并且建立一个可以检索的软件索引。

- 1989 年

1989 年，在普及互联网应用的历史上又一个重大的事件发生了。TimBerners 和其他在欧洲粒子物理实验室的人——这些人在欧洲粒子物理研究所非常出名，提出了一个分类互联网信息的协议。这个协议在 1991 年后被称为 WWW（World Wide Web），基于超文本协议——在一段文字中嵌入另一段文字的连接的系统，当你阅读这些页面的时候，你可以随时用它们选择一段文字链接。虽然它出现在 Gopher 之前，但发展十分缓慢。

由于最开始互联网是由政府部门投资建设的，所以它最初只限于研究部门、学校和政府部门使用。除了直接服务于研究部门和学校的商业应用之外，其他的商业行为是不允许的。90 年代初，当独立的商业网络发展起来时，这种局面才被打破。这使得从一个商业站点发送信息到另一个商业站点而不经过政府资助的网络中枢成为可能。

● 1991 年

1991 年，第一个连接互联网的友好接口在 Minnesota 大学被开发出来。当时学校只是想开发一个简单的菜单系统，使得可以通过局域网访问学校校园网上的文件和信息。紧跟着大型主机的信徒和支持客户－服务器体系结构的拥护者们的争论开始了。开始时，大型主机系统的追随者占据了上风，但自从客户－服务器体系结构的倡导者宣称他们可以很快建立起一个原型系统之后，他们不得不承认失败。客户－服务器体系结构的倡导者们很快做了一个先进的示范系统，这个示范系统叫作 Gopher。这个 Gopher 被证明是非常好用的，之后的几年里，全世界范围内出现 10 000 多个 Gopher。它不需要 UNIX 和计算机体系结构的知识。在一个 Gopher 里，只需要敲入一个数字来选择你想要的菜单选项即可。今天你可以用 theUofMinnesotagopher 选择全世界范围内的所有 Gopher 系统。

当 University of Nevada（内华达州立大学）的 Reno 创造了 VERONICA（通过 Gopher 使用的一种自动检索服务）后，Gopher 的可用性大大加强了。遍布世界的 Gopher 像网一样搜集网络连接和索引。它如此受欢迎，以至很难连接上，但尽管如此，为了减轻负荷，大量的 VERONICA 被开发出来。类似的单用户的索引软件也被开发出来，称作 JUGHEAD（Jonays Universal Gopher Hierachy Excavation and Display）。

1.1.3 互联网相关命名

Internet 中有许多复杂网络和许多不同类型的计算机，将它们连接在一起又能互相通信，依靠的是 TCP/IP 协议。按照这个协议，接入 Internet 上的每一台计算机都必须有唯一的地址标识，这个地址叫作 IP 地址。就像打电话必须知道对方的电话号码，这一号码也必须是唯一的一样。IP 地址是通过数字来表示一台计算机在 Internet 中的位置的，如图 1－3 所示。IP 地址具有唯一性，即连接到 Internet 上的不同计算机不能具有相同的 IP 地址。由于 IP 地址资源非常有限，因此，一般只有特殊的服务器才有固定的 IP 地址，而通过拨号上网或是宽带上网的用户基本上是由 ISP 动态分配一个临时的 IP 地址。

图 1－3　互联网地址

然而，用数字表示的计算机网址难以记忆，何况因特网上有几千万个 IP 地址。为了解决这一问题，便采用人善于识记的名字来表示计算机。为了确保网上计算机标识的唯一性，因特网规定了一套命名机制，称为域名系统。采用域名系统命名的网址，即为域名地址。域名地址以层次化表示，中国为 cn，美国为 us，最左边是服务器类别，www 表示这台计算机是一台 Web 服务器。

　　网址由两个或两个以上的词构成，中间由点号分隔开。最右边的那个词称为顶级域名。下面是几个常见的顶级域名及其用法：*.com 用于商业机构。它是最常见的顶级域名。任何人都可以注册.com 形式的域名。*.net 最初用于网络组织，例如因特网服务商和维修。现今任何人都可以注册以.net 结尾的域名。*.org 是为各种组织包括非营利组织而定的。现今任何人都可以注册以.org 结尾的域名。如图 1-4 所示。

图 1-4　域名

　　域名分为国际域名和国内域名两种。对于国际域名而言，其可以由 26 个英文字母（a～z、A～Z，大小写等价）、数字（0～9）以及连接符"－"组成，但是域名的首位必须是字母或数字。对域名的长度也有一定的限制：国际通用顶级域名长度不得超过 26 个字符，中国国家顶级域名长度不得超过 20 个字符。

☞ **读书笔记**

　　请同学们查阅通用顶级域名的含义并写下来。

Top.

Com.

Vip.

1.2　掌握互联网的关键技术

1.2.1　什么是 TCP/IP 技术？

　　因特网使用 TCP/IP 协议让不同的设备可以彼此通信。但使用 TCP/IP 协议的网络并不一定是因特网，一个局域网也可以使用 TCP/IP 协议。判断自己是否接入的是因特网，首先是看自己的电脑是否安装了 TCP/IP 协议，其次看是否拥有一个公网地址（所谓公网地址，就是所有私网地址以外的地址）。

　　因特网是基于 TCP/IP 协议实现的，TCP/IP 协议由很多协议组成，不同类型的协议又被放在不同的层，其中，位于应用层的协议就有很多，比如 FTP、HTTP、SMTP。只要应用层使用的是 HTTP 协议，就称为万维网（World Wide Web）。之所以在浏览器里输入百度网址时能看见百度网提供的网页，就是因为个人浏览器和百度网的服务器之间使用的是 HTTP 协议在交流。

TCP/IP 是 Internet 的核心，利用 TCP/IP 协议可以方便地实现多个网络的无缝连接。通常所谓某台主机在 Internet 上，就是指该主机具有一个 Internet 地址（即 IP 地址），并运行 TCP/IP 协议，可以向Internet 上的所有其他主机发送 IP 分组。

TCP 通信方式通常被称作三次握手和四次握手。

• 三次握手

简单来说，三次握手的过程是客户端与服务器交换第一个包序列号的过程，如图 1-5 所示。

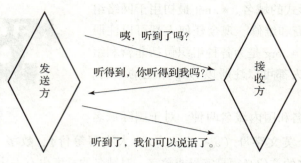

图 1-5　三次握手

客户端：服务器，你能听到我吗？

服务器：我能听到你，客户端，你能听到我吗？

客户端：我能听到你，我跟你讲………………

• 四次握手（图 1-6）

客户端：我要关闭连接了，有什么话快点说。

服务器：我知道你要关闭连接了。

服务器：最后补充几点，你听我说完啊……（数据传输，不算在挥手过程中）

服务器：我说完了，你关吧。

客户端：关闭连接。

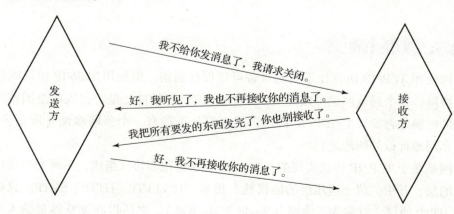

图 1-6　四次挥手

拓展知识

好书推荐

　　《新一代互联网关键技术》是 2019 年 11 月科学出版社出版的图书，作者是苏金树、刘宇靖。为探索新一代互联网如何更好地适应人工智能、云计算、大数据、移动互联网等领域的发展需求，此书阐述新一代互联网部分关键技术，既包括整体的网络体系结构，也包括各组成部分的核心技术，同时涵盖国内外主要研究项目。此书的研究成果得到了国家"973"计划、"863"计划、国家自然科学基金项目和国防科学技术研究项目等的支持。

1.2.2　了解互联网标识技术

1. 主机 IP 地址

　　为了确保通信时能相互识别，在 Internet 上的每台主机都必须有唯一的标识，即主机的 IP 地址。IP 协议就是根据 IP 地址实现信息传递的。

　　IP 地址由 32 位（即 4 字节）二进制数组成，为书写方便起见，常将每个字节作为一段并以十进制数来表示，每段间用"."分隔。例如，202.96.209.5 就是一个合法的 IP 地址。

　　IP 地址由网络标识和主机标识两部分组成。常用的 IP 地址有 A、B、C 三类，每类均规定了网络标识和主机标识在 32 位中所占的位数。它们的表示范围分别为：

　　A 类地址：0.0.0.0 ~ 127.255.255.255

　　B 类地址：128.0.0.0 ~ 191.255.255.255

　　C 类地址：192.0.0.0 ~ 233.255.255.255

　　A 类地址一般分配给具有大量主机的网络使用，B 类地址通常分配给规模中等的网络使用，C 类地址通常分配给小型局域网使用。为了确保唯一性，IP 地址由世界各大地区的权威机构 Inter NIC（Internet Network Information Center）管理和分配。

　　在 IP 地址的某个网络标识中，可以包含大量的主机（如 A 类地址的主机标识域为 24 位、B 类地址的主机标识域为 16 位），而在实际应用中不可能将这么多主机连接到单一的网络中，这将给网络寻址和管理带来不便。为解决这个问题，可以在网络中引入"子网"的概念。

　　将主机标识域进一步划分为子网标识和子网主机标识，通过灵活定义子网标识域的位数，可以控制每个子网的规模。将一个大型网络划分为若干个既相对独立又相互联系的子网后，网络内部各子网便可独立寻址和管理，各子网间通过跨子网的路由器连接，这样也提高了网络的安全性。

　　利用子网掩码可以判断两台主机是否在同一子网中。子网掩码与 IP 地址一样，也是 32 位二进制数，不同的是，它的子网主机标识部分为全"0"。若两台主机的 IP 地址分别与它们的子网掩码相"与"后的结果相同，则说明这两台主机在同一网络中。

2. 域名系统和统一资源定位器

　　32 位二进制数的 IP 地址对计算机来说十分有效，但用户使用和记忆都很不方便。为此，Internet 引进了字符形式的 IP 地址，即域名。域名采用层次结构的基于"域"的命名方案，每一层由一个子域名加用"."分隔，其格式为：

机器名. 网络名. 机构名. 最高域名

Internet 上的域名由域名系统 DNS（Domain Name System）统一管理。DNS 是一个分布式数据库系统，由域名空间、域名服务器和地址转换请求程序三部分组成。有了 DNS，凡域名空间中有定义的域名都可以有效地转换为对应的 IP 地址，同样，IP 地址也可通过 DNS 转换成域名。

WWW 上的每一个网页（Home Page）都有一个独立的地址，这些地址称为统一资源定位器（URL），只要知道某网页的 URL，便可直接打开该网页。

3. 用户 E-mail 地址

用户 E-mail 地址的格式为：用户名@主机域名。其中用户名是用户在邮件服务器上的信箱名，通常为用户的注册名、姓名或其他代号，主机域名则是邮件服务器的域名。用户名和主机域名之间用"@"分隔。

由于主机域名在 Internet 上的唯一性，所以，只要 E-mail 地址中用户名在该邮件服务器中是唯一的，则这个 E-mail 地址在整个 Internet 上也是唯一的。

1.2.3　了解互联网的接入技术

网络连接技术（Internet 接入技术）是用户与互联网间连接方式和结构的总称。任何需要使用互联网的计算机必须通过某种方式与互联网进行连接。互联网接入技术的发展非常迅速：带宽由最初的 14.4 Kb/s 发展到目前的 10 Mb/s 甚至 100 Mb/s；接入方式也由过去单一的电话拨号方式，发展成现在多样的有线和无线接入方式；接入终端也开始朝向移动设备发展。并且更新更快的接入方式仍在继续被研究和开发。

根据接入后数据传输的速度，Internet 的接入方式可分为宽带接入和窄频接入。

常见民用宽带接入：

①ADSL（非对称数字专线）接入，接入带宽上行速率（最高 640 Kb/s）和下行速率（最高 8 Mb/s）；

②有线电视上网（通过有线电视网络）接入，接入带宽 3~34 Mb/s；

③光纤接入，接入带宽 10/100/1 000 Mb/s；

④无线（使用 IEEE 802.11 协议或使用 3G 技术）宽带接入，接入带宽 1.5~540 Mb/s；

⑤卫星宽带接入。

常见民用窄频接入：

①电话拨号接入，接入带宽 9 600 b/s/56 Kb/s（V.92 标准）；

②窄频 ISDN 接入，接入带宽 64/128 Kb/s；

③GPRS 手机上网，接入带宽最大 53 Kb/s；

④UMTS 手机上网，384 Kb/s；

⑤CDMA 手机上网：（2G）cdmaOne，150 Kb/s。

1.3　了解互联网技术的应用领域

1. 互联网信息检索

在浩如大海的网络中，如何才能找到自己需要的信息呢？网络搜索技术帮助人们收集着各种各样的信息。只需要输入关键词，就可以通过它查询到所需信息。最典型的就是百度了，如图 1-7 所示。

图 1-7　互联网信息检索

2. 网络通信

互联网作为一种新兴的传播媒体，由于互动性良好、表现形式多种多样、感染力突出，成为继报纸、广播、电视等之后的"第四媒体"，各大新闻网站、门户网站、企事业单位，都相继开通了这一宣传通道，如图 1-8 所示。

图1-8　企业门户网站

3. 网络社区

网络社区的主要服务内容有信息发布、微信朋友圈、抖音和个人微博等。通过登录信息服务类网站、朋友圈、抖音、个人微博，可以即时发布自己的需求信息，还可以把自己在生活、学习、工作中的点点滴滴感受记录下来，放在网上，同网民共享，如图1-9～图1-12所示。

图1-9　同城信息发布网站

图 1 –10　朋友圈

图 1 –11　抖音

图 1 –12　个人微博

4. 即时聊天软件

即时聊天软件是可以在两名或多名用户之间传递即时消息的网络软件，大部分的即时聊天软件都可以显示联络人名单，并能显示联络人是否在线，如图 1-13 所示。使用者发出的每一句话都会即时显示在双方的屏幕上。

近年来，许多即时聊天软件同步提供视讯会议功能与网络会议软件实现整合。于是，与其他媒体之间的区别变得越来越模糊，如图 1-14 所示。

图 1-13　聊天软件

图 1-14　腾讯视频会议

5. 电子商务

电子商务是与网民生活密切相关的重要网络应用，通过网络支付、在线交易，卖家可以用很低的成本把商品卖到全世界，买家则可以用很低的价格买到自己心仪的商品。现在最典型的就是淘宝，如图 1-15 所示。

6. 网络金融

这方面主要有网上银行和网络炒股。通过网络开通网上银行的客户可以在网上进行转账、支付、外汇买卖等，股民可以在网上进行股票、基金的买卖和资金的划转等，如图 1-16 所示。

7. 网页出版物

如果理解了"网络就是传媒"，就很容易理

图 1-15　电子商务

解中国网的网页实质上就是出版物，它具有印刷出版物所应具有的几乎所有功能，如图 1 – 17 所示。

图 1 – 16　个人网银

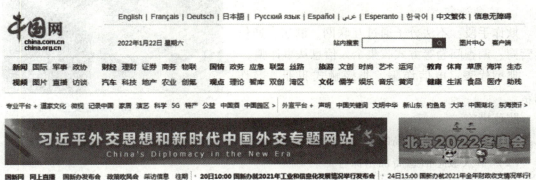

图 1 – 17　网络出版物

8. 互联网＋大学生创新创业大赛

中国"互联网＋"大学生创新创业大赛自 2015 年创办以来，累计有 225 万大学生、55 万个团队参赛，涌现出了一大批科技含量高、市场潜力大、社会效益好的高质量项目，展现了当代青年大学生奋发有为、昂扬向上的风采，已经成为我国覆盖面最大、影响最广的大学生创新创业盛会，也开始成为国际高等教育的一道亮丽风景线。

1.4 守护互联网安全

互联网安全是一门涉及计算机科学、网络技术、通信技术、密码技术、信息安全技术、应用数学、数论、信息论等多种学科的综合性学科。

互联网安全从其本质上来讲，就是互联网上的信息安全。从广义来说，凡是涉及互联网上信息的保密性、完整性、可用性、真实性和可控性的相关技术和理论，都是网络安全的研究领域，如图 1－18 所示。

图 1－18　网络安全

安全防护很多类型，可以分为以下几点：

1. 信息泄露

欺诈手段：不法分子通过互联网、酒店、通信运营商、调查问卷等方式收集个人信息从事诈骗。

典型代表：电信诈骗，非接触式犯罪，敲诈勒索。

防范措施：

（1）在安全级别较高的物理或逻辑区域内处理个人敏感信息。

（2）个人敏感信息需加密保存。

（3）不使用 U 盘存储交互个人敏感信息。

（4）尽量不要在可访问互联网的设备上保存或处理个人敏感信息。

（5）发送电子邮件时要加密，并注意不要错发。

（6）邮包寄送时，选择可信赖的邮寄公司，并要求回执。

2. 网络钓鱼

欺诈手段：不法分子通过制作假冒网站，将地址发送到客户的电脑上、手机上或放在搜索网站上诱骗客户登录，以窃取客户信息进行欺诈。

典型代表：购物聊天暗送钓鱼网站，网络和短信、电话联合诈骗，盗 QQ 号诈骗好友，低价商品诱惑。

防范措施：

（1）通过查询网站备案信息等方式核实网站资质的真伪。

（2）安装安全防护软件。

（3）要警惕中奖、修改网银密码的通知邮件、短信，不要轻易点击未经核实的陌生链接。

（4）不要在多人共用的电脑上进行金融业务，如在网吧等。

3. 网购木马

欺诈手段：网购木马是近年来新出现的一种欺诈木马。以交易劫持为主的网购木马，是骗子将自己伪装成"卖家"，将包含木马程序的文件发送给买家实施盗窃的手段。

典型代表：盗号，交易劫持，"压缩包炸弹"。

防范措施：

（1）一定要为电脑安装杀毒软件，并且定期扫描系统，查杀病毒；及时更新木马库，更新系统补丁。

（2）下载软件时，尽量到软件相应的官方网站或大型软件下载网站下载；在安装或打开来历不明的软件或文件前先杀毒。

（3）请勿随意打开不知名的网页链接。

（4）使用网络通信工具时，不随意接收陌生人的文件。

4. 网络传销

欺诈手段：网络传销一般有两种形式，一是利用网页进行宣传，鼓吹轻松赚大钱的思想；二是建立网上交易平台，靠发展会员聚敛财富，发展他人加入其中，形成上下线的传销层级关系。

典型代表：浏览网页时发现"轻点鼠标，您就是富翁""坐在家里，也能赚钱"等信息。

防范措施：

（1）在遇到相关创业、投资项目时，一定要仔细研究其商业模式。无论打着什么样的旗号，如果其经营的项目并不创造任何财富，却许诺只要你交钱入会，发展人员就能获取"回报"，请提高警惕。

（2）克服贪欲，不要幻想"一夜暴富"。

5. QQ、微信、微博、邮箱等诈骗

欺诈手段：不法分子一是利用 QQ 盗号和网络游戏交易进行诈骗，冒充 QQ 好友借钱；二是利用传播软件随意向互联网 QQ 用户、MSN 用户、微博用户、邮箱用户、淘宝用户等发布中奖提示信息，进行中奖诈骗。

思政案例

法律百科

《中华人民共和国网络安全法》已由中华人民共和国第十二届全国人民代表大会常务委员会第二十四次会议于 2016 年 11 月 7 日通过，于 2017 年 6 月 1 日开始施行。

小结

随着社会日新月异的发展，人类文明的不断进步，人们对网络的依赖性已经越来越大，我们用它与朋友沟通交流、了解新闻、获取信息，上网购物等。某工学院电脑科学实验室的高级研究员也曾经写道："把网络看成是电脑之间的连接是不对的。相反，网络把使用电脑的人连接起来了。互联网的最大成功不在于技术层面，而在于对人的影响。"

学习互联网技术及其应用，有利于我们进一步了解互联网的用途，从而能充分利用互联网来解决一些生活中的问题，给我们的工作、学习、生活带来很大的方便。

思考与练习

1. 什么是互联网？
2. 联网技术有哪些应用？
3. 结合自己的体会谈一谈互联网对我们的生活产生了哪些影响。

学习目标

1. 知识目标

(1) 了解 5 代移动通信技术的发展历程及其特点。

(2) 了解 5G 的特点、5G 的关键技术。

(3) 了解 5G 技术的应用领域。

2. 能力目标

(1) 通过学习移动通信技术的发展历程，了解 1G、2G、3G、4G、5G 通信系统的特点。

(2) 通过了解 5G 技术的特点以及发展现状，认识 5G 技术。

(3) 通过了解 5G 技术的应用领域，熟悉 5G 技术在实际应用中的使用。

3. 素质目标

(1) 通过引入真实案例培养学生的实践应用意识，激发学生对 5G 先进技术的学习兴趣。

(2) 树立学生履行时代赋予的使命的社会担当，培养学生强烈的爱国主义情怀，树立正确的人生观、价值观。

导入案例：远程手术

2019 年 1 月 10 日全球首例 5G 远程手术在福建省测试成功；华为联合中国联通，通过 5G 技术，成功为 50 km 外的孟超肝胆医院的实验动物开展了远程肝小叶切除手术。本次手术利用华为 5G 网络技术的大带宽、低延时、大连接的技术，远程操控手术机器人两端的控制链路、2 路视频链路，这些全部承载在 5G 网络下，实现基于 5G 网络的操控、高清视频，如图 2-1 所示。手术全程用时约 60 min，操作延迟极低。手术创面整齐，全程不见一丝血迹，术后实验动物的生命体征平稳。虽然只是动物实验，不过新世界的大门已经打开，5G 远程手术很快走向临床。

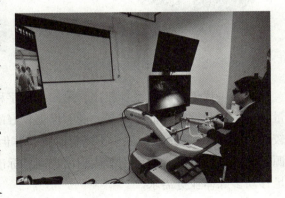

图 2-1　5G 远程外科手术测试

2.1 什么是5G

2.1.1 从 1G 到 5G 到底改变了什么？

1. 第一代移动通信技术（1G）——只能语音传输

第一代移动通信技术，是指以模拟信号为传输载体、仅限语音通信的蜂窝电话标准，制定于 20 世纪 80 年代。使用模拟调制和频分多址（FDMA）传输语音通话。我国主要采用 TACS，传送速率为 204 KB/s，由于受到传输带宽的限制，不能进行移动通信的长途漫游。代表机型是几乎只能打电话，进行语音通信的大哥大，如图 2-2 所示。

2. 第二代移动通信技术（2G）——手机能上网了

起源于 90 年代初期，采用的技术主要是时分多址（TDMA）和码分多址（CDMA）两种。2G 是数字蜂窝移动通信系统，传输的语音是经过数字语音编码和信道编码后的数字信号，全球主要采用 GSM 和 CDMA 两种制式。2G 主要业务是语音，其主特性是提供数字化的话音业务及低速数据业务。它克服了模拟移动通信系统的弱点，话音质量、保密性能得到大的提高，并可进行省内、省际自动漫游。第二代移动通信替代第一代移动通信系统完成模拟技术向数字技术的转变。我国主要采用 GSM 标准，主要提供数字化的语音业务及低速数化业务（短信、彩信），网速最大不超过 100 Kb/s，平均为 10 Kb/s，可以进行省内外漫游。代表品牌有诺基亚、摩托罗拉等，如图 2-3 所示。

图 2-2 第一代摩托罗拉手机　　　　　　图 2-3 2G 手机

与第一代模拟通信系统相比，第二代数字移动该系统的频谱利用率高，可以提供更大容量；抗干扰和抗衰落能力增强，能够保证较好的语言质量；可以提供更多业务；系统保密性较好。尽管 2G 技术在发展中不断得到完善，但随着用户规模和网络规模不断扩大，频率资源已接近枯竭，语音质量不能达到用户满意标准，数据通信速率太低，无法在真正意义上满足移动多媒体业务需求。

3. 第三代移动通信技术（3G）——随时随地无线上网

3G 是第三代移动通信系统，即 IMT-2000，标准主要有三个：欧洲的 WCDMA、北美的 CDMA2000 和中国的 TD-SCDMA，另外，还有 WIMAX。除了能提供 2G 所拥有各种优点，并克服了其缺点外，还能够提供宽带多媒体业务，能提供高质量视频宽带多媒体综合业务，并能实现全球漫游。它支持速率高达 2 Mb/s 的业务，涉及语音、数据、图像等多媒体业务，如图 2-4 所示。

图 2-4　有网络的覆盖的地方就可以 3G 上网

第三代移动通信系统的通信标准由欧洲的 WCDMA、美国的 CDMA2000 和中国的 TD-SCDMA 三大标准共同组成一个 IMT-2000 家庭，成员间存在相互兼容的问题，因此已有的移动通信系统不是真正意义上的个人通信和全球通信；3G 的频谱利用率还比较低，不能充分利用宝贵的频谱资源；3G 支持的速率还不够高。这些不足使其远远不能适应移动通信发展的需要。

思政案例

百年电信史上中国人提出的第一个国际标准

TD-SCDMA 是百年电信史上中国人提出的第一个国际标准。它代表着我国在移动通信技术上的巨大跨越。

前两代移动通信，无论是第一代像砖头一样的模拟手机"大哥大"，还是第二代的 GSM（中国移动 139 手机为代表）和 CDMA（中国联通 133 手机为代表）数字通信，中国人都没有什么发言权。

创建第一代移动通信网时，所有东西都是进口，至少 2 500 亿元流进了国外公司的腰包，比三峡工程的造价还要高。投资近 1.5 万亿元的第二代网建设，由于标准由他人主导，直到多年以后，国产手机、基站、移动交换机的市场占有率也并不高。

1997 年 4 月，国际电信联盟向世界各国征集第三代移动通信技术标准，中国人决定闯一闯。在政府部门的支持下，大唐电信集团从智能天线、同步 CDMA、接力切换等拥有自主知识产权的核心技术起步，经过 3 年努力，所提出的 TD-SCDMA（以下简称 TD）终于在 2000 年 5 月被国际电联确立为 3G 三大国际标准之一。

4. 第四代移动通信技术（4G）——可以看高清视频了

4G 是集 3G 与 WLAN 于一体并能够传输高质量视频图像以及图像传输质量与高清电视

晰度不相上下的技术产品。4G 系统能够以 100 Mb/s 的速率下载，上传的速率也能达到 20 Mb/s，并能够满足几乎所有用户对无线服务的要求。此外，4G 可以在 DSL 和有线电视调制解调器没有覆盖的地方部署，然后再扩展到整个地区。图 2 - 5 所示为中国移动 4G 宣传广告，可以看出 4G 有着无可比拟的优越性。

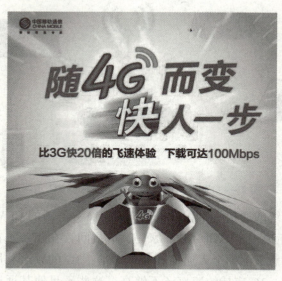

图 2 - 5　中国移动 4G 宣传广告

☞ 知识小问答

你们能说出下面三个图片对应的电信运营商名称吗？

5. 第五代移动通信技术（5G）——万物互联

5G 是 4G 的延伸，是对现有无线接入技术（包括 3G、4G 和 WiFi）的技术演进，以及一些新增的补充性无线接入技术集成后解决方案的总称，目前正在研究中。从某种程度上讲，5G 是一个真正意义上的融合网络。以融合和统一的标准，提供人与人、人与物以及物与物之间的高速、安全和自由的连通。除了要满足超高速的传输需求外，5G 还需要满足超大带宽、超高容量、超密站点、超可靠性、随时随地可接入性等要求，如图 2 - 6 所示。

图 2-6　5G 万物互联

　　因此，通信界普遍认为 5G 是一个广带化、泛在化、智能化、融合化、绿色节能的网络。在 2020 年后，5G 移动通信技术将有望实现商用，能够满足未来移动互联网业务的发展需求，并带给移动互联网用户一个前所未有的全新体验。

拓展知识

中国电信三大运营商

1. 中国移动

　　中国移动通信集团有限公司是按照国家电信体制改革的总体部署，于 2000 年 4 月 20 日成立的中央企业。2017 年 12 月，中国移动通信集团公司进行公司制改制，企业类型由全民所有制企业变更为国有独资公司，并更名为中国移动通信集团有限公司。

2. 中国电信

　　中国电信集团有限公司，简称"中国电信"或"中国电信公司"。中国电信成立于 1995 年 4 月 27 日，是中国特大型国有通信企业、上海世博会全球合作伙伴，连续多年入选"世界 500 强企业"，主要经营固定电话、移动通信、卫星通信、互联网接入及应用等综合信息服务。

3. 中国联通

　　中国联合网络通信集团有限公司于 2009 年 1 月 6 日在原中国网通和原中国联通的基础上合并组建而成，在国内 31 个省和境外多个国家和地区设有分支机构，是中国唯一一家在纽约、香港、上海三地同时上市的电信运营企业，连续多年入选"世界 500 强企业"。

　　综上所述，1G 主要解决语音通信问题；2G 可支持窄带的分组数据通信，最高理论数据为 236 Kb/s；3G 在 2G 的基础上，发展了如图像、音乐、视频流的高宽带多媒体通信，并提高语音通话安全性，解决部分移动互联网相关网络及高速数据传输问题，最高理论数据为

14. 4 Mb/s；4G 是专为移动互联网而设计的通信技术，在网速、容量、稳定性上比之前的技术都有了跳跃式的提升，传输速率可达 100 Mb/s 甚至更高；在容量方面，5G 将比 4G 实现单位面积移动数据流量增长 1 000 倍；传输速率方面，典型用户数据传输速率提高 10 ~ 100 倍，峰值传输速率可达 10 Gb/s 端到端时延缩短 5 倍；5G 有望全球共用一个标准；5G 将多种新型无线接入技术和现有无线接入技术融合，成为一个真正意义的融合网络，如图 2 - 7 所示。

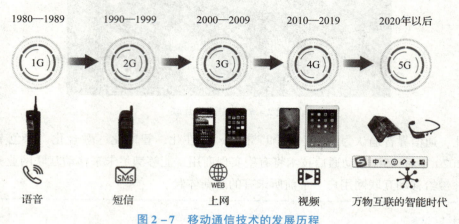

图 2 - 7　移动通信技术的发展历程

2.1.2　认识 5G

第五代移动通信技术（5th generation mobile networks 或 5th generation wireless systems，5th - Generation，简称 5G 或 5G 技术）是最新一代蜂窝移动通信技术。它的特点是波长是毫米级，超带宽，超高速，低时延，提高系统容量和大规模设备连接。

5G 不仅应具备高速度，还应满足低时延这样更高的要求。从 1G 到 4G，移动通信的核心业务是人与人之间的通信。但是 5G 的通信不仅是人的通信，还是人与物的通信，甚至是机器与机器之间的通信。

2.2　5G 的发展历程是什么？

近年来，第五代移动通信系统 5G 已经成为通信业和学术界探讨的热点。5G 的发展主要有两个驱动力：一方面，以长期演进技术为代表的第四代移动通信系统 4G 已全面商用，对下一代技术的讨论提上日程；另一方面，移动数据的需求呈爆炸式增长，现有移动通信系统难以满足未来需求，急需研发新一代 5G 系统。

2.2.1　5G 国内外发展历程

➢ 2013 年 2 月，欧盟宣布将拨款 5 000 万欧元，加快 5G 移动技术的发展，计划到 2020 年推出成熟的标准。

➢ 2013 年 4 月，中国工信部、发展改革委、科技部共同支持成立 IMT - 2020（5G）推进组，作为 5G 推进工作的平台，推进组旨在组织国内各方力量，积极开展国际合作，共同推动 5G 国际标准发展。2013 年 4 月 19 日，IMT – 2020（5G）推进组第一次会议在北京召开。

➢ 2014 年 5 月 8 日，日本电信营运商 NTT DoCoMo 正式宣布将与 Ericsson、Nokia、Samsung 等六家厂商共同合作，开始测试超越现有 4G 网络 1 000 倍网络承载能力的高速 5G 网络，传输速度可望提升至 10 Gb/s。

➢ 2016 年 1 月，中国 5G 技术研发试验正式启动，于 2016—2018 年实施，分为 5G 关键技术试验、5G 技术方案验证和 5G 系统验证三个阶段。

➢ 2016 年 5 月 31 日，由中国、欧盟、美国、日本和韩国的 5 个 5G 推进组织联合主办的第一届全球 5G 大会在北京举行。

➢ 2017 年 11 月下旬中国工业和信息化部发布通知，正式启动 5G 技术研发试验第三阶段工作。

➢ 2017 年 12 月 21 日，在国际电信标准组织 3GPP RAN 第 78 次全体会议上，5G NR 首发版本正式冻结并发布。

➢ 2018 年 2 月 27 日，华为在 MWC2018 大展上发布了首款 3GPP 标准 5G 商用芯片巴龙 5G01 和 5G 商用终端，支持全球主流 5G 频段，包括 Sub6GHz（低频）、mmWave（高频），理论上可实现最高 2.3 Gb/s 的数据下载速率。

➢ 2018 年 6 月 13 日，3GPP 5G NR 标准 SA（Standalone，独立组网）方案在 3GPP 第 80 次 TSG RAN 全会正式完成并发布，这标志着首个真正完整意义的国际 5G 标准正式出炉。

➢ 2019 年 4 月 3 日，韩国电信公司（KT）、SK 电讯株式会社以及 LG U + 三大韩国电信运营商正式向普通民众开启第五代移动通信（5G）入网服务。

➢ 2019 年 4 月 3 日，美国最大电信运营商 Verizon 宣布，即日起在芝加哥和明尼阿波利斯的城市核心地区部署 "5G 超宽带网络"。

➢ 2020 年 12 月 22 日，在此前试验频率基础上，工信部向中国电信、中国移动、中国联通三家基础电信运营企业颁发 5G 中低频段频率使用许可证。

➢ 2021 年第三季度，全球 5G 用户数净增 9 800 万。

2.2.2 5G 国内发展历程

➢ 2013 年，华为投入资金对 5G 有关技术进行早期研发。2013 年 4 月，工信部、发改委与科技部联合成立了 IMT – 2020 5G 推进组，组织国内各方力量、积极开展国际合作，共同推动 5G 国际标准发展。

➢ 2015 年，国内华为、中兴等企业启动对产业的投资和技术研发，部分企业还建立了专业研究院，为迎接 5G 时代的到来做好准备。

➢ 2016 年 1 月，工信部联合部分头部通信企业和研究机构全面启动中国 5G 技术试验，分为 5G 关键技术试验（2015 年 9 月—2016 年 9 月）、5G 技术方案验证（2016 年 6 月—2017 年 9 月）和 5G 系统验证（2017 年 9 月—2018 年 10 月）三个阶段实施。

➢ 2017 年 11 月 15 日，工信部发布《关于第五代移动通信系统使用 3 300 ~ 3 600 MHz

和 4 800~5 000 MHz 频段相关事宜的通知》，确定 5G 中频频谱，能够兼顾系统覆盖和大容量的基本需求。

➢ 2019 年 6 月，工信部向中国移动、中国联通、中国电信和中国广播电视台颁发商用牌照，标志着 5G 时代的到来。

➢ 2018 年 2 月 27 日，华为在 MWC2018 大展上发布了首款 3GPP 标准 5G 商用芯片巴龙 5G01 和 5G 商用终端。2018 年 12 月 10 日，工信部正式对外公布，已向中国电信、中国移动、中国联通发放了 5G 系统中低频段试验频率使用许可。

➢ 2019 年 6 月 6 日，工信部正式向中国电信、中国移动、中国联通、中国广电发放 5G 商用牌照，中国正式进入 5G 商用元年。2019 年 10 月，5G 基站正式获得了工信部入网批准。工信部颁发了国内首个 5G 无线电通信设备进网许可证，标志着 5G 基站设备将正式接入公用电信商用网络。2019 年 10 月 31 日，三大运营商公布 5G 商用套餐，并于 11 月 1 日正式上线 5G 商用套餐。

➢ 2020 年 9 月 5 日，工业和信息化部部长肖亚庆在中国国际服务贸易交易会举行的数字贸易发展趋势和前沿高峰论坛上表示，当前中国 5G 用户已超过 6 000 万，2020 年将推动 5G 大规模商用。

➢ 2021 年 4 月 19 日，在国新办举行的政策例行吹风会上，工业和信息化部副部长刘烈宏表示，我国已初步建成了全球最大规模的 5G 移动网络。

➢ 2021 年 11 月，北京 5G 终端用户占比 32.4%，5G 万人基站数达全国第一，基本实现 5G 网五环内和副中心连续覆盖，五环外重点区域精准覆盖。

➢ 2021 年 12 月 24 日，首届"千兆城市"高峰论坛工业和信息化部总工程师韩夏在致辞中表示，截至 2021 年 11 月，5G 基站超过 139.6 万个，5G 网络持续向县城乡镇深化覆盖；5G 手机终端连接数达 4.97 亿户，占移动电话用户总数的 30.3%。

➢ 5G 标准最终版 R16 于 2019 年完成制定，技术研发的试验有效推动产业技术的发展，对形成全球统一的 5G 标准具有重要意义，也为中国实现 2020 年 5G 商用化奠定基础。

拓展知识

5G 智慧应用赋能科技冬奥

万众瞩目的北京冬奥会开幕之前，工信系统上下尽锐出战，确保无线电安全保障、5G 公众通信网络及场馆覆盖、通信服务保障、网络安全保障等任务顺利进行。以 5G 等技术为基础推出了 5G 云转播、超高清直播、5G 智慧观赛、智慧指挥调度、"5G + 北斗"智能车联网、智慧医疗等应用，为打造一届精彩、非凡、卓越的冬奥盛会贡献通信科技力量。

5G 云转播让转播变简单。目前，5G 信号已覆盖北京冬奥会的竞赛场馆、配套设施及京张高铁、京礼高速公路等交通干线。基于中国联通 5G 及云网协同能力实现的超高清云转播，世界各地的冬奥"粉丝"无论身在何处，都能欣赏到精彩赛事。

5G 超高直播让观赛更过瘾。中国联通依托 5G 网络低时延、大带宽等特性构建的媒体专网，可基于"云 – 管 – 端"三层架构呈现毫秒级低时延多视角切换、4K 画质的 360° 自由视角、"子弹时间"精彩回放、8K VR 超高清直播等创新观赛应用。这些应用已在"相约北京"系列测试赛中实现了落地。从现场测试情况看，现场画面与智慧观赛 APP 之间的时延仅有 0.3 s，5G 为观众带来精彩观赛体验。

　　智慧医疗守护生命。冬奥冰雪赛事具有速度快、难度高、危险性大等特点，对医疗救援提出了更高要求。5G 急救将为北京冬奥会和首都市民提供一体化综合院前急救服务，将患者信息于院前院内实时共享，实现"上车即入院"。

　　"5G + 北斗"让出行更智慧。针对冬奥会期间物资、设备、人员在复杂交通环境的高效安全运输需求，中国联通在冬奥会首钢园区打造了基于 5G 网络的智能车联网系统。该系统覆盖面积超 100 万平方米，实现传输时延小于 10 ms 的 5G + C – V2X 融合组网。"5G + 北斗"可助力高精度定位、无人驾驶、车路协同、智慧边坡监测等功能实现。

2.3　5G 有什么特点？

1. 高速度

　　相比于 4G 网络，5G 网络有着更高的速度，而对于 5G 的基站峰值要求不低于 20 Gb/s，当然，这个速度是峰值速度，不是每一个用户的体验。随着新技术使用，这个速度还有提升的空间。5G 网络下仅需要 33 s 就完成，每秒的速率达到 726 Mb/s，而 4G 的 LTE Cat. 12 网络下载速率仅 62.2 Mb/s，花掉了 6 min 25 s 的时间，如图 2 – 8 所示；网络速度提升，用户体验与感受才会有较大提高，网络才能在面对 VR、超高清业务时不受限制，对网络速度要求很高的业务才能被广泛推广和使用，意味着用户可以每秒钟下载一部高清电影，也可能支持 VR 视频。

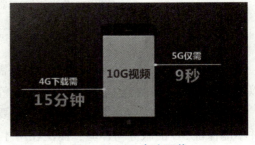

图 2 – 8　5G 高速下载

2. 泛在网

　　泛在网是指网络广泛地存在于社会的每一个角落。因为在 3G 和 4G 时代，我们使用的是宏基站，功率大，体积大，不能密集部署，导致距离近信号强、距离远信号弱；5G 时代将使用微基站，即小型基站，能覆盖末梢通信，使得任何角落都能连接网络信号，如图 2 – 9 所示。随着业务的发展，网络业务需要无所不包，广泛存在。只有这样才能支持更加丰富的业务，才能在复杂的场景上使用。泛在网在广泛覆盖和纵深覆盖两个层面提供影响力。

　　广泛是指我们社会生活的各个地方，需要广覆盖，如果覆盖 5G，可以大量部署传感器，进行环境、空气质量甚至地貌变化、地震的监测，将非常有价值。

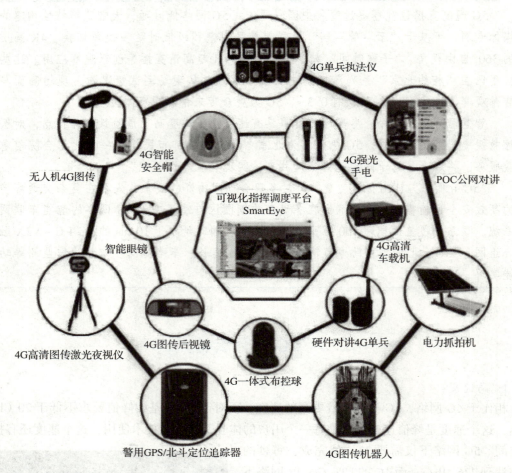

图 2-9 泛在电力物联网

纵深是指虽然已经有网络部署，但是需要进入更高品质的深度覆盖。5G 的到来，可把以前网络品质不好的卫生间、地下停车库等都用 5G 网络广泛覆盖。

在一定程度上，泛在网比高速度还重要，只是建一个少数地方覆盖、速度很高的网络，并不能保证 5G 的服务与体验，而泛在网才是 5G 体验的根本保证。

3. 低功耗

5G 要支持大规模物联网应用，就必须要有功耗的要求。这些年，可穿戴产品有一定发展，但是遇到很多瓶颈，最大的瓶颈是体验较差。现今，所有物联网产品都需要通信与能源，虽然通信可以通过多种手段实现，但是能源的供应只能靠电池。通信过程若消耗大量的能量，就很难让物联网产品被用户广泛接受。如果能把功耗降下来，将能大大改善用户体验，促进物联网产品的快速普及。

4. 低时延

5G 的一个新场景是无人驾驶、工业自动化的高可靠连接。人与人之间进行信息交流，140 ms 的时延是可以接受的，但是如果这个时延用于无人驾驶、工业自动化，就很难满足要求。5G 对于时延的最低要求是 1 ms，甚至更低。

无人驾驶汽车需要中央控制中心和汽车进行互联，车与车之间也应进行互联。在高速度行动中，例如一个制动，需要瞬间把信息送到车上做出反应，100 ms 左右的时间，车就会冲出几十米，这就需要在最短的时延中，把信息送到车上，进行制动与车控反应。

无人驾驶飞机更是如此。如数百架无人驾驶编队飞行，极小的偏差就会导致碰撞和事故，这就需要在极小的时延中，把信息传递给飞行中的无人驾驶飞机。工业自动化过程中，一个机械臂的操作，如果要做到极精细化，保证工作的高品质与精准性，也是需要极小的时延，最及时地做出反应。这些特征，在传统的人与人通信，甚至人与机器通信时，要求都不那么高，因为人的反应是较慢的，也不需要机器那么高的效率与精细化。而无论是无人驾驶飞机、无人驾驶汽车还是工业自动化，都是高速度运行，还需要在高速中保证及时信息传递和及时反应，这就对时延提出了极高要求。

5. 万物互联

传统通信中，终端是非常有限的，在固定电话时代，电话是以人群进行定义的。而手机时代，终端数量有了巨大爆发，手机是按个人应用来定义的。到了 5G 时代，终端不是按人来定义的，因为每人、每个家庭可能拥有数个终端。

6. 重构安全

传统的互联网要解决的是信息速度及无障碍地传输，自由、开放、共享是互联网的基本精神，但是在 5G 基础上建立的是智能互联网。智能互联网不仅是要实现信息传输，还要建立起一个社会和生活的新机制与新体系。智能互联网的基本精神是安全、管理、高效、方便。在 5G 网络构建中，在底层就应该解决安全问题，从网络建设之初，就应该加入安全机制，信息应该加密，网络并不应该是开放的，对于特殊的服务，需要建立起专门的安全机制。

2.4　5G 有哪些关键技术以及优势？

5G 有以下六大关键技术：高频段传输、新型多天线传输技术、同时同频全双工技术、D2D 技术、密集组网和超密集组网技术、新型网络架构。

1. 高频段传输

移动通信传统工作频段主要集中在无线电频谱的 3 GHz 以下，如图 2 – 10 所示，这使得频谱资源十分拥挤，而在高频段（如毫米波、厘米波频段）可用频谱资源丰富，能够有效缓解频谱资源紧张的现状，可以实现极高速短距离通信，支持 5G 容量和传输速率等方面的需求。

高频段在移动通信中的应用是未来的发展趋势，业界对此高度关注。足够量的可用带宽、小型化的天线和设备、较高的天线增益是高频段毫米波移动通信的主要优点。

2. 新型多天线传输技术

多天线技术经历了从无源到有源，从二维（2D）到三维（3D），从高阶 MIMO 到大规模阵列的发展，如图 2 – 11 所示，将有望实现频谱效率提升数十倍甚至更高，是目前 5G 技术重要的研究方向之一。

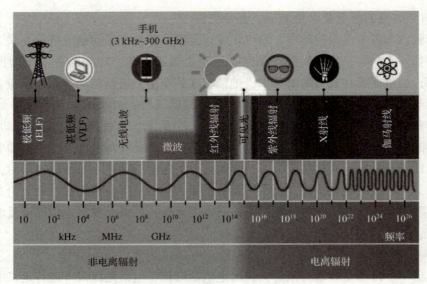

图 2 – 10　无线电频谱分布图

由于引入了有源天线阵列，基站侧可支持的协作天线数量将达到 128 根。此外，原来的 2D 天线阵列拓展成为 3D 天线阵列，形成新颖的 3D – MIMO 技术，支持多用户波束智能赋型，减少用户间干扰，结合高频段毫米波技术，将进一步改善无线信号覆盖性能。

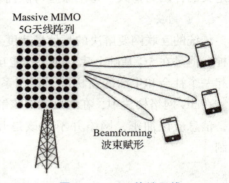

图 2 – 11　5G 终端天线

3. 同时同频全双工技术

现有的无线通信系统中，由于技术条件的限制，不能实现同时同频地双向通信，双向链路都是通过时间或频率进行区分的，对应于 TDD 和 FDD 方式。由于不能进行同时同频双向通信，理论上浪费了一半的无线资源（频率和时间）。

同频全双工技术，在相同的频谱上，通信的收发双方同时发射和接收信号，与传统的 TDD 和 FDD 双工方式相比，从理论上可使空口频谱效率提高 1 倍，如图 2 – 12 所示。

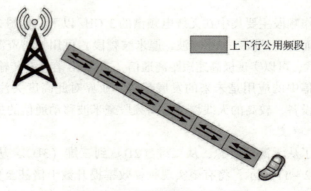

图 2 – 12　同时同频双工示意图

4. D2D 技术

Device – to – Device（D2D）通信是一种在系统的控制下，允许终端之间通过复用小区资源直接进行通信的新型技术，它能够增加蜂窝通信系统频谱效率，降低终端发射功率，在一定程度上解决无线通信系统频谱资源匮乏的问题，如图 2 – 13 所示。由于短距离直接通信，信道质量高，D2D 能够实现较高的数据速率、较低的时延和较低的功耗；通过广泛分布的终端，能够改善覆盖，实现频谱资源的高效利用；支持更灵活的网络架构和连接方法，提升链路灵活性和网络可靠性。

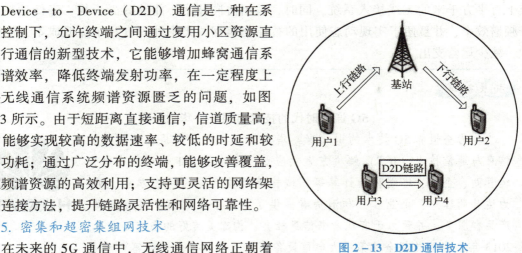

图 2 – 13　D2D 通信技术

5. 密集和超密集组网技术

在未来的 5G 通信中，无线通信网络正朝着网络多元化、宽带化、综合化、智能化的方向演进。随着各种智能终端的普及，数据流量将出现井喷式的增长。未来数据业务将主要分布在室内和热点地区，这使得超密集网络成为实现未来 5G 的 1 000 倍流量需求的主要手段之一。超密集网络能够改善网络覆盖，大幅度提升系统容量，并且对业务进行分流，具有更灵活的网络部署和更高效的频率复用。未来，面向高频段大带宽，将采用更加密集的网络方案，部署小小区/扇区将高达 100 个以上，如图 2 – 14 所示。

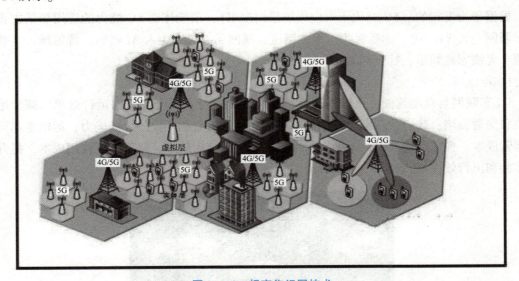

图 2 – 14　超密集组网技术

6. 新型网络架构

目前，LTE 接入网采用网络扁平化架构，减小了系统时延，降低了建网成本和维护成本。未来 5G 可能采用 C – RAN 接入网构架。C – RAN 是基于集中化处理、协作式无线电和实时云计算构架的绿色无线接入网构架。通过充分利用低成本高速光传输网络，直接在远端天线和集中化的中心节点间传送无线信号，以构建覆盖上百个基站服务区域，甚至上百平方千米的无线接入系统。同时，采用协同技术，能够减少干扰，降低功耗，提升频谱效率，并且便于实现动态使用的智能化组网，集中处理有利于降低成本，便于维护，减少运营支出。

拓展知识

5G 通信时代的技术自强——华为公司

作为全世界 5G 技术的引领者，华为技术有限公司是全球领先的信息与通信技术（ICT）解决方案供应商，专注于 ICT 领域，在电信运营商、企业、终端和云计算等领域构筑了端到端的解决方案优势，为运营商客户、企业客户和消费者提供了有竞争力的 ICT 解决方案、产品和服务，并致力于实现未来信息社会、构建更美好的全连接世界。2013 年，华为首超全球第一大电信设备商爱立信，排名《财富》世界 500 强第 315 位。截至 2016 年年底，华为有 17 万多名员工，华为的产品和解决方案已经应用于全球 170 多个国家，服务全球运营商 50 强中的 45 家及全球 1/3 的人口。

2.5　5G 怎样改变我们的生活？

根据华为发布的《5G 时代十大应用场景白皮书》，最能体现 5G 能力的应用场景主要包含车联网、云 VR/AR、远程医疗、智能制造、联网无人机、个人 AI 辅助、智慧城市、智慧能源、无线家庭娱乐、社交网络。

1. 车联网

5G 车联网与自动驾驶，可以提高道路交通安全、行人安全和道路运行效率，减少尾气污染和交通拥堵；政府管理部门可提高交通、运输、道路和环保的管理能力；运输企业可降低运营成本，提高运输效率；帮助汽车用户提高能源使用效率，降低汽车使用成本，提升乘车体验和出行效率等，如图 2-15 所示。

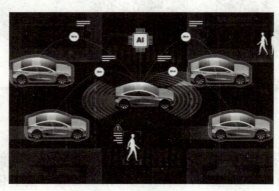

图 2-15　自动驾驶

5G 技术将使汽车的自动驾驶更加可靠放心。在 4G 网络时代，速率时延达到 50 ms 左右，基本实现不了实时控制。而 5G 网络高带宽低延时，端到端的时延只需要 1 ms，信息反馈更迅捷，实时控制将得以实现。自动驾驶的安全系数将获得质的飞跃。

2. 远程医疗

通过 5G 和物联网技术可承载医疗设备和移动用户的全连接网络，对无线监护、移动护理和患者实时位置等数据进行采集与监测，并在医院内业务服务器上进行分析处理，提升医护效率，如图 2－16 所示。借助 5G、人工智能、云计算技术，医生可以通过基于视频与图像的医疗诊断系统，实现移动查房、移动检测，同时可以为患者提供远程实时会诊、移动护理、远程操作机械手臂诊疗、远程手术、应急救援指导等服务。

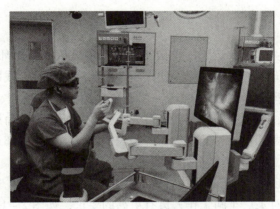

图 2－16　远程医疗

3. 云 VR/AR

AR 是 Augmented Reality 的字母缩写，中文意思是"增强现实"，是一种全新人机交互技术。通过 AR 技术，让参与者与虚拟对象进行实时互动，从而获得一种奇妙的视觉体验，而且能够突破空间、时间以及其他客观限制，感受到在真实世界中无法亲身经历的体验。

VR 是一种虚拟现实技术，通过计算机技术生成一种模拟环境，同时使用户沉浸到创建出的三维动态实景，可以理解为一种对现实世界的仿真系统，如图 2－17 所示。VR 技术最早应用于军事领域，最常见的产品是头戴显示器。

图 2－17　云化虚拟现实 cloud VR

　　VR/AR 是近眼现实、感知交互、渲染处理、网络传输和内容制作等新一代信息技术相互融合的产物，新形势下，高质量 VR/AR 业务对带宽、时延要求逐渐提升，速率从 25 Mb/s 逐步提高到 3.5 Gb/s，时延从 30 ms 降低到 5 ms 以下。伴随大量数据和计算密集型任务转移到云端，未来"cloud VR ＋"将成为 VR/AR 与 5G 融合创新的典型范例。凭借 5G 超宽带高速传输能力，可以解决 VR/AR 渲染能力不足、互动体验不强和终端移动性差等痛点问题，推动媒体行业转型升级，在文化宣传、社交娱乐、教育科普等大众和行业领域培育 5G 的第一波"杀手级"应用。

　　在很多科幻电影当中，经常可以看到一些完全智能化的生活体验，比如能看到各种信息的眼镜、能像正常人一样交流的导航、能像实地参观一样的教学场景，远在天边却能坐在一起开会。

4. 智能制造

　　➤ 工业自动化控制：这是制造工厂中最基础的应用，核心是闭环控制系统。5G 可提供极低时延长、高可靠、海量连接的网络，使得闭环控制应用通过无线网络连接成为可能。

　　➤ 物流追踪：从仓库管理到物流配送，均需要广覆盖、深覆盖、低功耗、大连接、低成本的连接技术。此外，虚拟工厂的端到端整合跨越产品的整个生命周期，要连接分布广泛的已售出的商品，也需要低功耗、低成本和广覆盖的网络，企业内部或企业之间的横向集成也需要无所不在的网络，5G 网络能很好地满足这类需求。

　　➤ 工业 AR：在智能工厂生产过程中，能发挥更重要的作用。由于未来工厂具有高度的灵活性和多功能性，这对工厂车间工作人员有更高的要求，如图 2 - 18 所示。

图 2 - 18　智能制造

　　为快速满足新任务和生产活动的需求，增强现实 AR 将发挥很关键的作用，在智能制造过程中可用于监控流程和生产流程等。生产任务分步指引，例如手动装配过程指导；远程专家业务支撑，例如远程维护。在这些应用中，辅助 AR 设施需要最大限度地具备灵活性和轻便性，以便维护工作高效开展。

5. 联网无人机

　　5G 网络将赋予网联无人机超高清图视频传输（50～150 Mb/s）、低时延控制（10～20 ms）、远程联网协作和自主飞行（100 Kb/s，500 ms）等重要能力，可以实现对联网无人机设备的监视管理、航线规范、效率提升。

无人机与 5G 的结合能实现多种功能，能够为专业巡检提供高达数百 Mb/s 的宽带，可以达到全方位无死角的安防布控，实现 24 h 不间断巡检、安防，比如环境监测、电力巡检、交通巡查。

同时，无人机可以摆脱地形限制，应对极端条件，在极端条件下，无人机可以轻松抵达地面车辆无法到达的区域，例如森林防火、大气取样、地理测绘、物流运输、演艺直播。图 2－19 所示为联网无人机物资运输。

图 2－19　联网无人机物资运输

6. 个人 AI 辅助

5G 时代将有更多的可穿戴设备加入虚拟 AI 助理功能，个人 AI 设备可借助 5G 大带宽、高速率和低延时的优势，充分利用云端人工智能和大数据的力量，实现更快速、精准地检索信息、预订机票、购买商品、预约医生等基础功能。另外，对于视障人士等特殊人群，通过佩戴连接 5G 的 AI 设备能够大幅提升生活质量。除了消费者领域外，个人 AI 设备将应用在企业业务中，制造业工人通过个人 AI 设备能够实时收到来自云端最新的语音和流媒体指令，能够有效提高工作效率和改善工作体验。

5G＋AI 智慧安检辅助系统：辅助安检员进行安检机判图的外接 AI 设备，通过 AI 技术对安检机拍摄的照片进行智能分析，自动识别各类违禁物品，后台人员可以通过 5G 网络在手机 APP 上查看报警照片，进行远程监控，如图 2－20 所示。

图 2－20　AI 智慧安检辅助系统

AI 辅助智能头盔：借助无线网络，头盔通过一个摄像头采集图像发送到云端 AI 识别，可为视力障碍人群提供人脸识别、物体识别、路径规划避障等服务，如图 2-21 所示。AI + 5G + 传感器，将出现各种辅助新应用。

7. 智慧城市

5G + ABCDE——开启智慧城市新时代：5G 是智慧城市的关键基础设施，将人与人的连接拓展到万物互联，是新时代智慧城市发展的基石。同时，5G 也是智慧城市发展的新引擎，5G + ABCDE，即人工智能、区块链、云计算、大数据、边缘计算，将开启智慧城市新时代，推动城市从信息化阶段走向新型智慧城市阶段，如图 2-22 所示。

图 2-21　AI 辅助智能头盔

图 2-22　5G 智慧城市

➤ 智慧家居：5G 时代，智能门锁、智能灯光、家庭安防、智能家电、智能影音等产品将在普通家庭普及。只需一部手机甚至不需要手机，语音指令就能操控家中电器，如图 2-23 所示。

图 2-23　5G 智慧家居

➤ 智慧交通：5G 和云计算等技术联合，可以实现车与车、车与路之间的实时信息交互，传输彼此的位置、速度、行驶路径，避免交通拥堵，还可以为城市交通规划者提供预测模型，如图 2-24 所示。依据 5G 的智能交通体系将更为联动，能够进步社区交通功率，削减阻塞的发作。对于公共交通，5G 可以帮助减少乘客等待时间，优化公交车库存，提供实时更新的乘客信息、车辆信息，甚至支持动态公交路线；车辆、路灯等设备的信息互通还能帮助智能泊车，避免停车位的拥堵和闲置，提高 27% 的停车收入。

图 2 – 24　5G 智慧交通

8. 智慧能源

5G 技术将在智慧电力的多个环节得到应用。在发电领域特别是在可再生能源发电领域，需实现高效的分布式电源接入调控，5G 可满足其实时数据采集和传输、远程调度与协调控制、多系统高速互联等功能，如图 2 – 25 所示。在输变电领域，具有低时延和大带宽特性的定制化的 5G 电力切片可以满足智能电网高可靠性、高安全性的要求，提供输变电环境实时监测与故障定位等智能服务。在配电领域，以 5G 网络为基础可以支持实现智能分布式配电自动化，实现故障处理过程的全自动进行。在电力通信基础设施建设领域，通信网将不再局限于有线方式，尤其在山地、水域等复杂地貌特征中，5G 网络部署相比有线方式成本更低，部署更快。例如，变电站与电力公司远程高清交互、电网应急通信、配网计量、在线监测、配网差动保护。

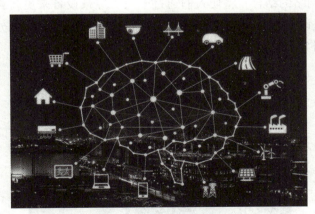

图 2 – 25　5G 智慧电网

9. 无线家庭娱乐

5G 时代将是 AIoT 时代，电视将在娱乐中心之外扮演家庭交互、控制、娱乐、社交、通信和服务等多个中心的角色。当前 4K/8K 超高清视频与 5G 技术结合的场景不断出现，广泛应用于大型赛事/活动/事件直播、视频监控、商业性远程现场实时展示等领域，例如 4K、2020 年春晚 5G + 8K + VR 超高清视频直播，如图 2 – 26 所示。

图 2-26　春晚 5G+8K+VR 启动仪式

目前的云游戏平台通常不会提供高于 720P 的图像质量，5G 有望以 90 f/s 的速度提供响应式和沉浸式的 4K 游戏体验，这将使大部分家庭的数据速率高于 75 Mb/s，延迟低于 10 ns。云端游戏对终端用户设备的要求较低，所有的处理都将在云端进行。用户的互动将被实时传送到云中进行处理，以确保高品质的游戏体验。

10. 社交网络

5G 时代的社交网络直播更丰富，更实时，随时随地分享和互动。用户可以通过高清社交视频和女朋友一起点外卖；可以通过高清社交视频让孩子接受 1 对 1 私教课；可以通过高清社交视频看到楼下按门铃的快递人员；可以通过高清社交视频和在老家的爸妈视频通话。

5G 技术与社交网络的结合，将使人们通过个人可穿戴设备来更新自己的家庭和朋友社交网络，这些可穿戴设备可以实时视频直播，甚至是 360°视频直播，分享运动、步数，甚至他们的心情，如图 2-27 所示。

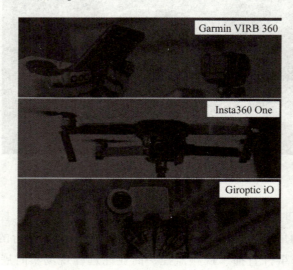

图 2-27　360°实况直播

2.6 为什么要力推 5G?

1. 实现万物互联, 赋能产业优化升级

一方面, 5G 发展能够促进人与人、人与物、物与物的广泛连接, 直接推动手机、智能家居、可穿戴设备等产品消费, 还可培育下一代社交网络、VR/AR 浸入式游戏等新业态, 为我国信息消费提供新的内涵和方向。根据中国信息通信研究院测算, 预计 2020—2025 年, 5G 建设将带动新型信息产品和服务消费超过 8 万亿元。此外, 基于高速率、高可靠、大连接等性能以及其延展出来的新特征, 对元器件、芯片、终端、系统设备等都提出了更高要求, 将直接带动相关技术产业的进步升级, 有助于提升我国信息产业的国际竞争力。

另一方面, 5G 作为新一代信息技术基础设施, 其应用场景相对宽泛, 包括工业互联网、车联网、物联网等, 支撑更大范围、更深层次的数字化转型。在此背景下, 5G 与云计算、大数据、人工智能等技术深度融合, 将支撑传统产业研发设计、生产制造、管理服务等生产流程的全面深刻变革, 促进各类要素、资源的优化配置和产业链、价值链的融会贯通, 使生产制造更加精益、供需匹配更加精准、产业分工更加明确, 赋能传统产业优化升级。

2. 5G 应用对全球经济将产生长远影响

2019 年 6 月 6 日, 工业和信息化部正式向中国移动、中国联通、中国电信、中国广电发放 5G 牌照, 标志着我国正式进入 5G 网络商用时代。在 5G 飞速发展的热潮之下, 相关互联网产业与制造业等迎来了新的发展机遇, 工业 4.0 的时代也加速到来, "机器通信""无人驾驶""VR&AR""远程医疗""智慧工厂"正逐渐深入千家万户。截至 2021 年 12 月, 我国已建成 5G 基站超过 115 万个, 占全球 70% 以上, 是全球规模最大、技术最先进的 5G 独立组网网络, 全国所有地级市城区、超过 97% 的县城城区和 40% 的乡镇镇区实现 5G 网络覆盖; 5G 终端用户达到 4.5 亿户, 占全球 80% 以上。

5G 带来的技术革命将为社会创造巨大的财富和就业机会。全球移动通信系统协会预测, 到 2025 年, 全球 5G 连接数量将达 1 亿个, 未来 15 年间, 5G 将为全球经济增加 2.2 万亿美元产值。据中国信息通信研究院 2017 年发布的《5G 经济社会影响白皮书》预测, 到 2030 年, 5G 将带动我国直接经济产出 6.3 万亿元、经济增加值 2.9 万亿元、就业机会 800 万个; 在间接贡献方面, 5G 将带动总产出 10.6 万亿元、经济增加值 3.6 万亿元、就业机会 1 150 万个。

3. 5G 应用对全球经济将产生长远影响

5G 技术的飞速发展与巨大的经济收益建立在 5G 网络的大规模部署应用的基础上, 在当下技术背景下, 5G 网络建设维护已经抛弃了传统的人力物力堆积模式, 网络"规建维优"多个核心岗位自动化需求日益明显, 以基站建设与网络维护为例, 在以往网络建设过程中, 基站开通调试往往需要针对每个站点进行参数规划与参数制作, 并通过专用烧录软件连接至现场每一个基站设备, 方能完成站点的基础开通配置。而网络优化维护同样存在上述问题, 网络日常运行状态数据与网络故障等信息数据量巨大, 往往需要人工进行大规模的分析与处理, 并基于个人经验进行风险的预估与把控。上述两个过程中, 一个需要大量的人力物力进

行简单重复劳动，一个需要依赖于个人能力与经验，不具备普适性与准确性。通信网络技术急需一个普适化、通用化、自动化的技术来协助进行网络的建设维护，同时，也就需要一批既掌握着通信技术又掌握自动化新技术的全面型技能人才。

小结

与 2G 萌生数据、3G 催生数据、4G 发展数据不同，5G 是跨时代的技术，5G 除了更极致的体验和更大的容量，它还将开启物联网时代，并渗透进各个行业。它将和大数据、云计算、人工智能等一道迎来信息通信时代的黄金 10 年。

人们对 5G 赋予前所未有的期盼，因为 5G 是新时代的跨越，它能带来超越光纤的传输速度（Mobile Beyond Giga）、超越工业总线的实时能力（Real–Time World）以及全空间的连接（all–Online Everywhere）。移动网络正在使能全行业数字化，成为基础的生产力。

5G 技术是信息技术的革命，是将数字化、云化、AI 化和传统产业连接的关键，因此成为高质量的可用的物联网、车联网、VR/AR、可穿戴设备、智慧家庭，甚至是智慧城市的前提。5G 与人工智能、大数据紧密结合，将打开万物互联的全新年代。

思考与练习

1. 什么是 5G？在 5G 之前，移动通信技术经历了几代的发展？
2. 5G 技术有哪些特点？
3. 结合本章对 5G 技术的学习，列举一个生活中 5G 技术的典型应用。

第**3**章

物联网

学习目标

1. 知识目标

（1）掌握物联网技术、行业知识，了解物联网应用发展动态。

（2）掌握基本标识、感知、传感等技术知识与应用技能。

（3）熟悉国家有关物联网的标准。

（4）了解现代通信网组网技术。

2. 能力目标

（1）了解物联网的背景及发展。

（2）具有熟练应用标识与感知技术以及嵌入式软硬件技术进行物联网终端设备的基本开发能力。

（3）具有利用短距离通信技术进行无线传感网组网与运行维护传感网的基本能力。

（4）具备物联网系统方案设计能力，具有创新意识，应用系统综合开发和集成的能力。

（5）具有自我学习、自我发展的基本能力，能够适应不断变化的未来物联网发展的需求。

3. 素质目标

（1）热爱物联网应用技术，对物联网的性质和发展具有正确的认知和责任感，初步形成专业价值观和献身精神。

（2）具有自主创新的能力，追求卓越——新时代北斗精神。

（3）具有良好的社会公德、职业道德和诚信品质。

（4）具有解放思想、实事求是的科学态度。

☞ **引 言**

名人名言

计算机将最终"消失"，演变为在我们没有意识到其存在时，就已融入我们的生活中。

Mark Weiser
前施乐公司首席科学家

导入案例：物联网体验

随着计算机和网络通信技术的迅速发展，家居的信息化程度越来越高，人们希望随时随地控制家居，创造更加智能化、自动化、人性化的居住环境，人们希望可以远程控制空调、热水器等，回到家就能吃饭、洗澡，希望远程控制室内环境，随时了解家庭情况。温馨的小家，怎样融入高科技的元素，采暖、照明、清洁以及早餐的预定，这些居家使用的各种电器，只需主人的一声令下自如的开关完成工作，如图3-1所示。目前，智能家居已经可以与家庭外部环境进行信息的交互，使得这一切逐渐变为现实，而这一切我们都可以通过一部智能手机完成"物物相连"。正如上述描

图3-1　物联网

述的那样，这里提到的每一个产品都可以利用现今的技术实现。每个产品都有了原型，很多产品则已被做成工艺品或大众消费产品。

3.1　什么是物联网？

物联网概念是在互联网概念的基础上，将其用户端延伸和扩展到任何物品与物品之间，进行信息交换和通信的一种网络概念。其定义为：通过射频识别、红外感应器、全球定位系统等信息传感设备，按约定的协议，把任何物品与互联网相连接，进行信息交换和通信，以实现智能化识别、定位、跟踪、监控和管理的一种网络，如图3-2所示。

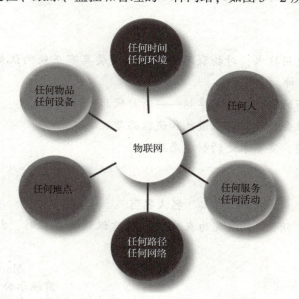

图3-2　物联网

总结起来，一句话描述物联网定义：把所有物品通过信息传感设备与互联网连接起来，进行信息交换，即物物相息，以实现智能化识别和管理。

> **拓展知识**
>
> **物联网革命关键年**
>
> 2010 年温家宝总理在政府工作报告中提出"加快物联网的研发应用，加大对战略性新兴产业的投入和战略支持"。

3.2　了解物联网技术背景

随着技术的发展，出现了新类型的物件。电话、收音机、电视、计算机和智能手机都是电子时代的产物。和大多数新技术一样，这些装置刚出现的时候很贵，之后其价格会一路下跌。需求驱动了价格的下降，研究促进了优化和小型化。最终，原本需要用一个专门的装置实现的功能，现在可以作为另一个装置的附属功能实现，这种做法的可能性和可行性现在都没有问题。电视屏幕最初在起居室里会占据很大的空间，现如今，平板电视面板不仅更省空间，而且这项技术已经变得无处不在。能够显示电视节目的高清显示器可以被嵌入门框中或厨房设备中，而小屏幕显示器则出现在音乐播放器和手机中。

和计算机的情况类似，嵌入装置中的通用芯片的产生成本也变得非常低廉，以至于你的洗衣机中可以内置一台搭载 Linux 的计算机，超市的收银机可在 Windows 系统中运行，你的视频播放器可能运行的是苹果公司 OS X 系统的某个版本。但就像我们在前面已经间接表明的，仅仅有计算能力不能构成物联网的充分前提条件，我们要看这个计算能力是不是一方面与传感器和执行器这样的与现实世界互动的实物相关联，另一方面又与因特网相接。能与网络服务或其他数据消费者快速共享和处理信息是物联网的重要标志。

3.3　走进物联网

3.3.1　重要历程

➢ 1991 年，美国麻省理工学院（MIT）的 Kevin Ashton 教授首次提出物联网的概念。

➢ 1999 年，MIT 建立了"自动识别中心（Auto - ID Center）"，提出"万物皆可通过网络互联"，阐明了物联网的基本含义。早期的物联网是依托射频识别（RFID）技术的物流网络。

➢ 2005 年 11 月，国际电信联盟（ITU）发布《ITU 互联网报告 2005：物联网》，引用了"物联网"的概念。物联网的定义和覆盖范围有了较大的拓展，不再只是指基于 RFID 技术的物联网。

➤ 2009 年，欧盟执委会发表了欧洲物联网行动计划，描绘了物联网技术的应用前景，提出欧盟政府要加强对物联网的管理，促进物联网的发展。

➤ 2009 年 1 月 28 日，IBM 首次提出"智慧地球"概念，建议新政府投资新一代的智慧型基础设施。当年，美国将新能源和物联网列为振兴经济的两大重点。

➤ 2009 年 8 月，温家宝总理在无锡视察时提出"感知中国"，无锡市率先建立了"感知中国"研究中心，中国科学院、运营商、多所大学在无锡建立了物联网研究院。其后，物联网被正式列为国家五大新兴战略性产业之一，写入十一届全国人大三次会议政府工作报告。

3.3.2　全球物联网发展现状和态势

1. 全球物联网市场规模迅速增长

2013—2017 年为产业爆发前的战略机遇期，全球物联网市场规模由 398 亿美元增长至 798 亿美元，2018 年达到 1 036 亿美元，整体规模呈现加速扩张趋势。2020 年，全球联网设备数量达到 260 亿个，年复合增长率达到 20%；全球联网设备带来的数据达到 44 ZB，这一数据是 2012 年的 22 倍，年复合增长率为 48%。据统计，2020 年世界总人口处于 73 亿和 85 亿人的区间，如果按 70% 的互联网渗透率计算，2020 年全球互联网人数规模在 51 亿和 60 亿之间。

2. 技术进步和产业成熟推动物联网发展进入新阶段

一是产业成熟度提升促使物联网部署成本不断下降。相比 10 年前，全球物联网处理器价格下降 98%，传感器价格下降 54%，成本的降低为物联网大规模部署提供了基础。二是联网技术不断突破。目前在全球范围内低功率广域网（LPWAN）技术快速兴起并逐步商用，面向物联网广覆盖、低时延场景的 5G 技术标准化进程加速，同时，工业以太网、LTE－V、短距离通信技术等相关通信技术也取得显著进展。三是数据处理技术与能力明显提升。随着大数据整体技术体系的基本形成，信息提取、知识表现、机器学习等人工智能研究方法和应用技术发展迅速。四是产业生态构建所需的关键能力加速成熟。云计算、开源软件等有效降低了企业构建生态的门槛，推动了全球范围内水平化物联网平台的兴起和物联网操作系统的进步。产业要素的完备和发展条件的成熟推动物联网发展进入新的阶段。这一阶段物联网主要特征是：一是平台化服务。利用物联网平台打破垂直行业的"应用孤岛"，促进大规模开环应用的发展，形成新的业态，实现服务的增值化。同时，利用平台对数据的汇聚，在平台上挖掘物联网数据价值，衍生新的应用类型和应用模式。二是泛在化连接。广域网和短距离通信技术的不断应用推动更多的传感器设备接入网络，为物联网提供大范围、大规模的连接能力，实现物联网数据实时传输与动态处理。三是智能化终端。一方面，传感器等底层设备自身向着智能化的方向发展；另一方面，通过引入物联网操作系统等软件，降低了底层面向异构硬件开发的难度，支持不同设备之间的本地化协同，并实现面向多应用场景的灵活配置。

3. 全球抓抢物联网产业机遇意向突出

物联网发展处于产业生态的关键布局期，在政府层面，各国高度重视物联网新一轮发展带来的产业机遇。其中，美国以物联网应用为核心的"智慧地球"计划、欧盟的十四点行动计划、日本的"U－Japan 计划"、韩国的"IT839 战略"和"u－Korea"战略、新加坡的"下一代 I－Hub"计划等，都将物联网作为当前发展的重要战略目标。资本市场同样看好物联网发展前景，对从事物联网相关公司的投资持续增加。自 2012 年以来，物联网领域创业企业融资达到 1 260 亿美元。2015 年以来，工业相关投资增长迅速，成为最热门的物联网投资领域。在产业层面，产业巨头纷纷制定其物联网发展战略，通过并购、合作等方式快速进行重点行业和产业链关键环节的布局，意图争夺物联网未来发展的战略导向。2015 年 5 月，华为公司公开"1 + 2 + 1"的物联网发展战略，明确了向物联网进军的发展战略；同年 10 月，微软公司正式发布物联网套件 Azure IOT Suite，协助企业简化物联网在云端应用部署及管理；2016 年 3 月，思科公司以 14 亿美元并购物联网平台提供商 Jasper，并成立物联网事业部；7 月，软银公司以 322 亿美金收购 ARM，明确表示看好 ARM 在物联网时代的发展前景；12 月，谷歌对外公布物联网操作系统 Android Things 的开发者预览版本，并更新其"Weave"协议。除此之外，亚马逊、苹果、Intel、高通、SAP、IBM、阿里巴巴、腾讯、百度、GE、AT&T 等全球知名企业均从不同环节布局物联网，产业大规模发展的条件正快速形成，未来 2～3 年将成为物联网产业生态发展的关键时期。

4. 传统产业将成为主要领域

传统产业智能化升级和规模化消费市场的兴起推动物联网创新突破和应用加深。从物联网概念兴起发展至今，各类应用长时间并存，并呈接力式推进物联网的发展。2018 年，工业/制造业成为物联网领域支出占比最大的产业，支出金额达到 1 890 亿美元，占总体比重24.47%；运输业和车联网、智能建筑等跨产业物联网的支出金额分别达到 850 亿美元和920 亿美元；消费者物联网支出金额达 620 亿美元，位居第五大产业类别，主要应用包括智能家庭、家庭自动化以及智能家电。工业/制造业等传统产业的智能化升级成为推动物联网突破创新的重要契机。随着世界经济下行压力的增加和新技术变革的出现，各国积极应对新一轮科技革命和产业变革带来的挑战，美国"先进制造业伙伴计划"、德国"工业4.0"、中国"中国制造2025"等一系列国家战略的提出和实施，其根本出发点在于抢占新一轮国际制造业竞争制高点。工业/制造业转型升级将推动在产品、设备、流程、服务中物联网感知技术的应用，网络连接的部署和基于物联网平台的业务分析及数据处理加速推动物联网突破创新。规模化消费市场的兴起加速物联网的推广。目前车联网、智慧城市（社会公共事业、公共管理）、智能家居、智能硬件、智能安防等成为当前物联网发展的热点领域。

5. 中国物联网发展现状

在我国，物联网概念的前身是传感网。中国科学院早在 1999 年就启动了传感网技术的研究，并取得了一系列的科研成果。2009 年以后，国内出现了对物联网技术进行集中研究的浪潮；2010 年，物联网被写入了政府工作报告，发展物联网提升到发展战略高度。"十二五"时期，我国在物联网发展政策环境、技术研发、标准研制、产业培育以及行业应用方面取得了显著成绩，物联网应用推广进入实质阶段，示范效应明显；"十三五"规划纲要明确提出"发展物联网开环应用"，致力于加强通用协议和标准的研究，推动物联网不同行业不同领域应用间的互联互通、资源共享和应用协同。近年来，在"中国制造2025""互联网+"等战略带动下，物联网产业呈现蓬勃生机。

3.4 物联网需要的技术

前面提到了物联网出现的技术背景，现在来了解一下支持物联网发展应用的各项技术，虽然学习物联网技术是个非常复杂的过程，但是通过本节的学习，相信大家都能对物联网技术有初步的认识。

物联网的基础在于能够使得所谓的"物"具备感知世界的能力，具备智能思维的能力，具备相互连接并交换信息的能力，失去了这个基础，则一切都归于空想。传感技术给了每个"物"睁眼看世界的机会，定位技术使得每个"物"都是可以追踪的，识别技术给了每个"物"有了自己思索并行动的可能……也许明天，会有更多的新技术给每个"物"插上更多飞翔的翅膀。

3.4.1 传感技术

应该说，传感技术的起源与人类自身有着密切的关系。人们可以通过眼、耳、鼻、手来看世界、听世界、嗅世界、触世界，这是上天赐予的我们珍贵礼物。然而，随着科技的发展，人类需要拓展对世界的认知，例如如何以量化的方式感知温度，如何在对人类有害的场景中感知世界，如何感知人类感觉器官无法感知的事物，这就引发并促进了传感技术的产生和发展。

有人说，传感技术，看起来挺高深的，学起来很难，应该是科研人员的事情。其实并非如此，当下我们的日常生活已经和传感技术紧紧联系在一起了。如今汽车已经步入普通家庭，成为大家平日上下班或节假日居家郊游的代步工具，可你是否知道其实汽车就是一个传感器的大本营呢？图3-3所示为一个汽车内部典型的传感器配置示意图。例如，节气门位置传感器可以检测节气门的开度并转换为发动机的不同工况后送至电控单元，从而控制喷油量；曲轴位置传感器可以检测曲轴及发动机转速，并将其送至电控单元作为点火工作顺序的基准信号；氧传感器可以检测排气中氧的浓度，并提供给电控单元作为控制燃油/空气比维持在最佳点附近的计算依据。

为了提高传感器的可靠性，人们又提出了无线传感器网络的概念（目前一般认为无线传感器网络和传感器网络是同一概念，本节内容也沿用这一理念，不加以区分）。

例如，早在2002年，英特尔公司就在美国俄勒冈州建立了世界上第一个无线葡萄园，传感器节点被分布在葡萄园的每个角落，每隔一分钟检测一次土壤温度、湿度或该区域有害物的数量，以确保葡萄健康生长。这样，当某一个传感器节点出现故障时，其他传感器节点还能够正常工作，而且自组织网络的特性使得通信不会中断，因此不会影响整个系统的正常运作。研究人员发现，葡萄园气候的细微变化可极大地影响葡萄酒的质量。通过常年的数据记录以及相关分析便能精确地掌握葡萄酒的质地与葡萄生长过程中日照、温度、湿度的确切关系。

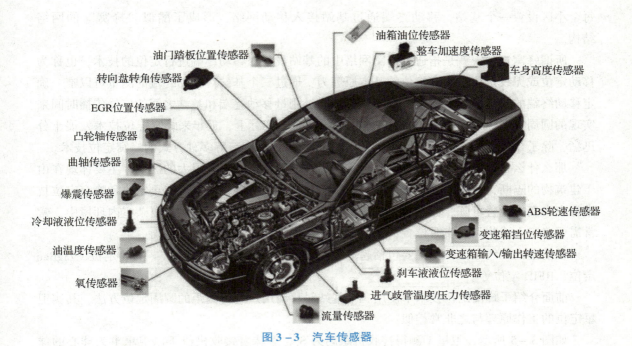

油箱油位传感器
整车加速度传感器
车身高度传感器
油门踏板位置传感器
转向盘转角传感器
EGR位置传感器
凸轮轴传感器
曲轴传感器
爆震传感器
冷却液液位传感器
油温度传感器
氧传感器
ABS轮速传感器
变速箱挡位传感器
变速箱输入/输出转速传感器
刹车液液位传感器
进气歧管温度/压力传感器
流量传感器

图 3 - 3　汽车传感器

传感器技术与计算机技术及通信技术并称为信息技术的三大支柱，同时，也是物联网技术的基石。

3.4.2　定位技术

说到定位技术，大家会想到什么呢？可能大家马上会想到导航，没有导航仪的帮助，在偌大的城市我们常常会迷路。在生活中，GPS 技术可能很多时候被认为就是定位技术，当然，这种说法有一定的合理性，因为 GPS 技术应该是目前在我们生活中得到最广泛应用的定位技术，但是实际上，定位技术的范畴还是相当广泛的。

可以大致将定位技术划分为陆基定位技术和星基定位技术两大类别。可以将定位设施置于陆地上，定位信号限于地球电离层以下的空间、陆地、海洋上的定位行为统称为陆基定位；而采用人造地球卫星进行定位的行为统称为星基定位。

早期的陆基定位技术主要应用于军事用途，例如第二次世界大战时飞机上装配的自动测向仪通过与地面航空无线电信标通信来测出飞机周线的位置，从而在降落时寻找合适的初始接近点。近年来，蜂窝定位技术与室内无线定位技术成为陆基定位技术中两个最为重要的发展方向。

那么蜂窝定位技术又是什么意思呢？如图 3 - 4 所示。不论是早期的 2G 还是现在的 5G，移动通信技术从诞生之初基本就一直沿用蜂窝式组网方式。将移动终端的服务区划分为一个个正六边形的小区，

图 3 - 4　蜂窝

每个小区设置一个基站，移动终端通过基站接入移动网络，形成了酷似"蜂窝"的网络结构。

所谓蜂窝定位，就是指通过蜂窝网络中的基站设备对移动终端进行定位的技术，也称为移动定位或无线定位。蜂窝定位的基本原理为：通过三个基站对移动终端的测量可以唯一确定移动终端的物理位置。所以，蜂窝定位是通过测量移动终端和基站之间的信号传播时间来实现的圆周定位，一般称为 TOA（Time of Arrival）。实际上，近年来蜂窝定位技术发展十分迅猛，除了 TOA 外，还有利用双曲线、角度、信号强度衰减等多种方式的蜂窝定位技术。

那么什么是室内无线定位技术呢？室内定位与室外定位有着很大的区别，主要体现在由于建筑物的隔断，卫星信号或移动信号在室内往往大幅减弱，这使得卫星定位和蜂窝定位技术在室内变得乏善可陈。但同时，在超市、图书馆、机场大厅、矿井等复杂室内环境中，常常需要确定人或物品的实时位置，这就促进了室内无线定位技术的发展。

目前室内无线定位技术主要包括超声波定位、红外定位、蓝牙定位、WiFi 定位、ZigBee 定位、RFID 定位等。

前面介绍了蜂窝定位技术中使用三个基站对移动用户进行测距的圆周定位方法，其实卫星定位的工作原理与之非常相似。

如图 3-5 所示，卫星 1 测得接收机距离为 S_1，意味着接收机位于以卫星 1 为球心的球面上某处；卫星 2 测得接收机距离为 S_2，意味着接收机同时又位于以卫星 2 为球心的球面上某处，这样就可以推算出接收机位于两个球体的相交平面即一个圆周上；卫星 3 测得接收机距离为 S_3，意味着接收机位于以卫星 3 为球心的球面上某处，这时即可推算出接收机位于第三个球面与上述圆周相交的两个顶点位置之一。再考虑到用户一般位于地球表面，所以较低的位置为接收机实际位置。

另外，考虑到对于整个地球上任何一个位置出现的接收机都要能够至少看到 4 颗定位卫星才能实现全球定位，因此，在设计一个针对整个地球的卫星定位系统时，还需要考虑如何以最少的卫星个数实现对地球尽可能大的覆盖面积。美国 GPS 系统一共 24 颗卫星，分布在 6 个地心轨道平面内，每个轨道 4 颗卫星。各轨道接近于圆形，沿赤道以 60° 间隔均匀分布。

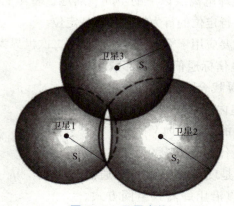

图 3-5　卫星定位

星基定位技术目前主要是全球四大卫星定位系统，如图 3 - 6 所示，分别是美国的 GPS 系统、俄罗斯的 GLONASS 系统、欧盟的伽利略系统和中国的北斗系统。

图 3 - 6　全球定位系统

GPS 是由美国自 20 世纪 70 年代开始研制开发的卫星定位系统，目前有 24 颗定位卫星，能够覆盖全球大约 98% 的面积，提供民用和军用两种不同精度的定位服务。

GLONASS（Global Navigation Satellite System）是由苏联于 20 世纪 70 年代开始研制开发的卫星定位系统，后由俄罗斯继续实施该计划。由于苏联解体造成经济衰退，致使发射补网卫星出现困难，较长时间的在轨卫星不到 10 颗，长期处于降效运行状态。

伽利略定位系统（Galileo Positioning System）是由欧盟自 20 世纪 90 年代开始研制开发的卫星定位系统，计划发射 30 颗卫星。

拓展知识

北斗精神

北斗星，自古为中华民族定方向、辨四季、定时辰。我国全球卫星导航系统以"北斗"命名，承载着一个民族的光荣与梦想。

新时代北斗精神就是"自主创新、开放融合、万众一心、追求卓越"。这是与"两弹一星"精神、载人航天精神既血脉赓续又具有鲜明时代特质的宝贵精神财富，是中国航天人在建设科技强国征程上立起的又一座精神丰碑。如同北斗指路，新时代北斗精神将指引中国航天人在新征程上再创新的辉煌。

北斗系统是中国于 20 世纪 90 年代开始研制开发的卫星定位系统，设计之初就提出了"三步走"的规划思路。2020 年 7 月 31 日，中国向全世界郑重宣告，中国自主建设、独立运行的"北斗三号"全球卫星导航系统已全面建成，中国北斗开启了高质量服务全球、造福人类的新篇章。

为满足国家安全与经济社会发展的需要，为全球用户提供连续、稳定、可靠服务，发展卫星导航产业，服务经济社会发展和民生改善；深化国际合作，共享卫星导航发展成果，提高全球卫星导航系统的综合应用效益。

其为全球用户提供服务，空间信号精度优于 0.5 m，全球定位精度优于 10 m，测速精度优于 0.2 m/s；授时精度优于 20 ns，服务可用性优于 95%；亚太地区定位精度优于 5 m，测速精度优于 0.1 m/s；授时精度优于 10 ns。

短报文通信（发短信）区域短报文通信服务，服务容量提高到每小时 1 000 万次，接收机发射功率降低到 1~3 W，单次通信能力为 100 汉字；全球短报文通信服务，单次通信能力为 40 汉字。

星基增强服务，按照国际民航组织标准，服务中国及周边地区用户，支持单频及双频星座两种增强服务模式，满足国际民航组织相关性能要求。

地基增强服务，利用移动通信网络或互联网络，向北斗基准站网覆盖区内的用户提供米级、分米级、厘米级、毫米级高精度定位服务。

精密单点定位服务，服务中国及周边地区用户，提供动态分米级、静态厘米级的精密定位服务。

国际搜救服务，按照国际搜救卫生系统组织相关标准，与其他卫星导航系统共同组成全球中轨搜救系统，服务全球用户。同时，通过反向链路，极大提升搜救效率和服务能力。

☞ 讨 论

你知道我国为什么要建北斗系统吗？北斗系统都能干些什么？

中国高度重视北斗系统的建设与发展，自 20 世纪 80 年代开始探索适合国情的卫星导航系统发展道路，形成了"三步走"发展战略：

2000 年年底，建成"北斗一号"系统，向中国提供服务。

2012 年年底，建成"北斗二号"系统，向亚太地区提供服务。

2020 年，建成"北斗三号"系统，向全球提供服务。

"北斗"系统建设分"三步走"实施：

第一步：建设"北斗一号"试验卫星导航系统。

第二步：建设"北斗"卫星导航系统，2012 年形成区域覆盖能力。

第三步：建设"北斗"系统，2020 年左右形成全球覆盖能力，全球系统包括 5 颗地球静止轨道卫星和 30 颗非静止轨道卫星。

2020 年 7 月 31 日上午，"北斗三号"全球卫星导航系统正式开通。习近平总书记在"北斗三号"全球卫星导航系统建成暨开通仪式上充分肯定北斗系统建设取得的成就，并指出，"北斗三号"全球卫星导航系统的建成开通，充分体现了我国社会主义制度集中力量办大事的政治优势，对提升我国综合国力，进一步增强民族自信心，努力实现"两个一百年"奋斗目标，具有十分重要的意义。

3.4.3 识别技术

生活在现代社会的人类新增了许多过去没有的烦恼，经常会忘记各种各样的密码就是其中之一。到银行存钱、取钱需要密码，信用卡购物需要密码，各种支付平台也需要密码……如果都采用同一个密码或采用生日等具有特殊意义的数字作为密码，虽然容易记忆，但是显然安全性变差了；如果采用不同的或无特殊意义的密码，虽然安全性提高了，但是经常会忘记，这让我们如何是好呢？

自动识别技术这时就可以发挥作用了，例如指纹识别技术、虹膜识别技术和面部识别技术都可以解决上述问题，这些过去在科幻电影中常常出现的情节如今已经逐渐进入我们普通人的日常生活。

识别技术范畴相当广泛，大致可以分为语音识别、图像识别、光学字符识别、生物识别以及磁卡、IC 卡、条码、RFID 等识别技术，如图 3－7 所示。

图 3－7 识别技术

语音识别技术是一门研究如何将人类的语音自动转换为计算机能够识别的字符的技术。语音识别的研究工作开始于 20 世纪 50 年代，20 世纪 60 年代动态规划和线性预测技术引入语音识别，20 世纪 80 年代隐马尔可夫模型理论在语音识别中得到了成功的应用，20 世纪 90 年代以来，语音识别技术在产品化方面取得了长足的进步。

图像识别技术也称为视觉识别技术，是指利用计算机对图像进行处理和分析，辨识物体的类别并做出有意义的判断。图像识别系统一般包括预处理、分析和识别三部分。预处理包括图像分割、图像增强、图像还原、图像重建和图像细化等诸多内容。图像分析主要指从预处理得到的图像中提取特征，最后根据提取的特征对图像进行匹配分类，做出识别。例如我们生活中常用到的二维码识别，就属于图像识别的一种。

光学字符识别是指计算机对文字的图像文件进行分析处理，并最终获得对应文本文件的过程。这是伴随扫描仪技术衍生的一项自动识别技术，也可以看作一种特殊的图像识别技术。

生物识别技术是指利用计算机通过采集分析人体的生物特征样本来确定人的身份。生物识别涵盖的范围非常广泛，可以大体分为生理特征和行为特征两大类。其中生理特征包括指纹、静脉、手型、虹膜、视网膜、声音、人脸、耳廓、DNA 和体味等，而行为特征包括签名、走路姿势和击键节奏等。指纹、人脸和 DNA 等生物识别技术在刑侦和安全等领域得到了越来越多的应用，随着技术的进一步成熟，目前在金融支付等领域应用得更为普及。

3.4.4 机器人

1941 年，美国科幻作家阿西莫夫在其《我，机器人》系列小说中提出著名的机器人三定律。虽然这三定律只是科幻小说里的创造，但是后来被学术界和工业界广泛接受。第一定律：机器人的任何行动不得伤害人，也不得见人受到伤害而袖手旁观；第二定律：机器人应服从人的一切命令，但不得违反第一定律；第三定律：机器人应保护自身安全，但不得违反第一定律和第二定律。

经过几十年的发展，机器人的种类也越来越多，在种类的划分上也越来越难。

如图3-8所示，工业机器人，特指工业机械手臂，一般用于在机械制造中代替人完成大批量、高质量要求的工作。

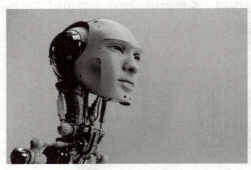

图3-8　工业机器人

特种机器人包括水下机器人、灭火机器人、救援机器人、空间机器人等，用来代替人类在人不能到达或危险的环境中从事工作。

家用机器人能够帮助人类完成日常家务劳动，尤其是扫地机器人，其是解放双手的居家必备产品。

实际上，通信连接只是物联网的第一步，在此基础上的决策行动才是物联网真正具有生命力的核心，而智能机器人恰好可以作为物联网智能末端来提供这种作用。

3.5　物联网能做什么？

3.5.1　智慧物流

智慧物流是新技术应用于物流行业的统称，指的是以物联网、大数据、人工智能等信息技术为支撑，在物流的运输、仓储、包装、装卸、配送等各个环节实现系统感知、全面分析及处理等功能，如图3-9所示。智慧物流的实现能大大降低各行业运输的成本，提高运输效率，提升整个物流行业的智能化和自动化水平。物联网应用于物流行业中，主要体现在三方面，即仓库储存、运输监测和智能快递柜。

仓库储存：通常采用基于LoRa、NB-IoT等传输网络的物联网仓库管理信息系统，完成收货入库、盘点调拨、拣货出库以及整个系统的数据查询、备份、统计、报表生产及报表管理等任务。

运输监测：实时监测货物运输中的车辆行驶情况以及货物运输情况，包括货物位置、状态环境，以及车辆的油耗、油量、车速及刹车次数等驾驶行为。

智能快递柜：将云计算和物联网等技术结合，实现快件存取和后台中心数据处理，通过RFID或摄像头实时采集、监测货物收发等数据。

图 3－9　智慧物流

3.5.2　智能安防

　　智能安防的核心在于智能安防系统，系统主要包括门禁、报警和监控三大部分。安防是物联网的一大应用市场，传统安防对人员的依赖性比较大，非常耗费人力，而智能安防能够通过设备实现智能判断。目前，智能安防最核心的部分在于智能安防系统，该系统是对拍摄的图像进行传输与存储，并对其进行分析与处理。一个完整的智能安防系统主要包括三大部分：门禁、报警和监控，行业中主要以视频监控为主，如图 3－10 所示。

图 3－10　智能安防

　　由于采集的数据量足够大，并且时延较低，因此目前城市中大部分的视频监控采用的是有线的连接方式，而对于偏远地区以及移动性的物体监控，则采用的是 4G 等无线技术。

　　门禁系统：主要以感应卡、指纹、虹膜以及面部识别等为主，有安全、便捷和高效的特点，能联动视频抓拍、远程开门、手机位置探测及轨迹分析等。

　　监控系统：主要以视频为主，分为警用和民用市场。通过视频实时监控，使用摄像头进行抓拍记录，将视频和图片进行数据存储和分析，确保安全。

　　报警系统：主要通过报警主机进行报警，同时，部分研发厂商会将语音模块及网络控制模块置于报警主机中，缩短报警反应时间。

3.5.3　智慧能源

　　物联网应用于能源领域，可用于水、电、燃气等表计以及路灯的远程控制上，如图 3－

11 所示。智慧能源属于智慧城市的一个部分，当前，将物联网技术应用在能源领域，主要用于水、电、燃气等表计，以及根据外界天气对路灯的远程控制等，基于环境和设备进行物体感知，通过监测来提升利用效率，减少能源损耗。根据实际情况，智慧能源分为四大应用场景：

图 3 – 11　智慧能源

智能水表：可利用先进的 NB – IoT 技术，远程采集用水量，以及提供用水提醒等服务。

智能电表：自动化、信息化的新型电表，具有远程监测用电情况，并及时反馈等功能。

智能燃气表：通过网络技术，将用气量传输到燃气集团，无须入户抄表，并且能显示燃气用量及用气时间等数据。

智慧路灯：通过搭载传感器等设备，实现远程照明控制以及故障自动报警等功能。

3.5.4　智能医疗

智能医疗的两大主要应用场景：医疗可穿戴和数字化医院。在智能医疗领域，新技术的应用必须以人为中心。而物联网技术是数据获取的主要途径，能有效地帮助医院实现对人的智能化管理和对物的智能化管理。对人的智能化管理指的是通过传感器对人的生理状态（如心跳频率、体力消耗、血压高低等）进行捕捉，将其记录到电子健康文件中，方便个人或医生查阅。如图 3 – 12 所示，对物的智能化管理，指的是通过 RFID 技术对医疗物品进行监控与管理，实现医疗设备、用品可视化。以物联网技术为主，亿欧智库总结了当前主要的两个应用场景：

图 3 – 12　智能医疗

医疗可穿戴：通过传感器采集人体及周边环境的参数，经传输网络传到云端，数据处理后，反馈给用户。

数字化医院：将传统的医疗设备进行数字化改造，实现了数字化设备远程管理、远程监控以及电子病历查阅等功能。

3.5.5　智慧建筑

物联网应用于建筑领域，主要体现在用电照明、消防监测以及楼宇控制等方面，如图 3-13 所示。建筑是城市的基石，技术的进步促进了建筑的智能化发展，物联网技术的应用让建筑向智慧建筑方向演进。智慧建筑越来越受到人们的关注，是集感知、传输、记忆、判断和决策于一体的综合智能化解决方案。当前的智慧建筑主要体现在用电照明、消防监测以及楼宇控制等，将设备进行感知、传输并远程监控，不仅能够节约能源，同时也能减少运维的楼宇人员。而对于古建筑，也可以进行白蚁（以木材为生的一种昆虫）监测，进而达到保护古建筑的目的。

图 3-13　智慧建筑

3.5.6　智慧家居

智慧家居的发展分为三个阶段：单品连接、物物联动以及平台集成，当前处于单品向物物联动过渡阶段。智慧家居指的是使用各种技术和设备来提高人们的生活方式，使家庭变得更舒适、安全和高效，如图 3-14 所示。物联网应用于智慧家居领域，能够对家居类产品的位置、状态、变化进行监测，分析其变化特征，同时，根据人的需要，在一定程度上进行反馈。

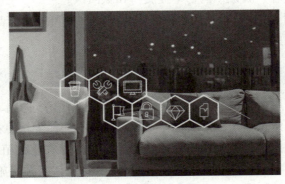

图 3-14　智慧家居

单品连接：这个阶段是将各个产品通过传输网络，如 WiFi、蓝牙、ZigBee 等进行连接，对每个单品单独控制。

物物联动：目前，各个智慧家居企业将自家的所有产品进行联网、系统集成，使得各产品间能联动控制，但不同的企业单品还不能联动。

平台集成：这是智慧家居发展的最终阶段，根据统一的标准，使各企业单品能相互兼容。目前还没有发展到这个阶段。

3.5.7 智能零售

智能零售依托于物联网技术，主要体现了两大应用场景，即自动售货机和无人便利店。行业内将零售按照距离分为三种不同的形式：远场零售、中场零售、近场零售，三者分别以电商、商场/超市和便利店/自动售货机为代表。物联网技术可以用于近场和中场零售，并且主要应用于近场零售，如图 3-15 所示，即无人便利店和自动（无人）售货机。

图 3-15 智能零售

智能零售通过将传统的售货机和便利店进行数字化升级、改造，打造无人零售模式。通过数据分析，并充分运用门店内的客流和活动，为用户提供更好的服务，为商家提供更高的经营效率。

自动售货机：自动售货机也叫无人售货机，分为单品售货机和多品售货机，通过物联网卡平台进行数据传输→客户验证→购物车提交→扣款回执。

无人便利店：采用 RFID 技术，用户仅需扫码开门，便可进行商品选购，关门之后系统会自动识别所选商品，并自动完成扣款结算。

3.5.8 智慧农业

智慧农业指的是利用物联网、人工智能、大数据等现代信息技术与农业进行深度融合，实现农业生产全过程的信息感知、精准管理和智能控制的一种全新的农业生产方式，可实现农业可视化诊断、远程控制以及灾害预警等功能。农业分为农业种植和畜牧养殖两个方面。农业种植分为设施种植（温室大棚）和大田种植，主要包括播种、施肥、灌溉、除草以及病虫害防治等五个部分，如图 3-16 所示。用传感器、摄像头和卫星等收集数据，实现数字化和智能机械化发展。当前，数字化的实现多以数据平台服务来呈现，而智能机械化以农机自动驾驶为代表。畜牧养殖主要是将新技术、新理念应用在生产中，包括繁育、饲养以及疾病防疫等，并且应用类型较少，因此用"精细化养殖"来定义整体畜牧养殖环节。

图 3 – 16　智慧农业

思政案例

智慧农业的必要性

　　没有农业农村现代化，就没有整个国家现代化。在现代化进程中，如何处理好工农关系、城乡关系，在一定程度上决定着现代化的成败。我国作为中国共产党领导的社会主义国家，应该有能力、有条件处理好工农关系、城乡关系，顺利推进我国社会主义现代化进程。改革开放以来，我国广大农民为推进工业化、城镇化作出了巨大贡献。农业发展和农村建设也取得了显著成就，为我国改革开放和社会主义现代化建设打下了坚实基础。我国拥有 13 亿多人口，不管工业化、城镇化进展到哪一步，城乡将长期共生并存。40 年前，我们通过农村改革拉开了改革开放大幕。40 年后的今天，我们应该通过振兴乡村，开启城乡融合发展和现代化建设新局面。

　　——习近平 2018 年 9 月 21 日主持十九届中共中央政治局第八次集体学习时的讲话

小结

　　物联网已成为全球新一轮科技革命与产业变革的重要驱动力。物联网科技产业在全球范围内快速发展，正与制造技术、新能源、新材料等领域融合，步入产业大变革前夜，迎来大发展时代。随着物联网应用的普及，不同应用需求如智能可穿戴设备、智能家电、智能网联汽车、智能机器人、智慧医疗、农田水利、市政建筑等数以万亿计的新设备将接入网络。这些应用正在呈爆发性增长并将形成海量数据，促进生产生活和社会管理方式进一步智能化、网络化和精细化，推动经济社会发展更加智能、高效。与其他高新技术融合发展是物联网技术的重要特性。当前，物联网正促进 5G、窄带物联网、云计算、大数据、人工智能、区块链和边缘计算等新一代信息技术向各领域渗透，引发全球性产业分工格局重大变革。在组网方面，全球范围内低功率广域网技术正快速兴起并逐步商用，面向物联网广覆盖、低时延场景的5G技术标准化进程加速。同时，工业以太网、短距离通信等相关通信技术快速发展，为人、机、物的智能化按需组网互联提供良好技术支撑。在信息处理方面，信息感知、知识表示、机器学习等技术迅速发展，极大地提升了物联网的智能化数据处理能力。在物联网虚拟平台、数字孪生与操作系统方面，基于云计算及开源软件的广泛应用，有效降低了企业构建生态门槛，推动了全球范围内物联网公共服务平台和操作系统的进步。

　　物联网已经成为全球信息科技发展的重要趋势之一，它的出现和兴起为我国科技和经济发展带来难得机遇。我们应当抓住机遇创造未来，建设好智能化数字中国。

思考与练习

1. 物联网的概念是什么？
2. 结合本章内容与日常生活，列举一个物联网的应用实例。
3. 列举物联网的技术应用。
4. 什么是 GPS 系统？
5. 简要阐述我国北斗系统的发展和功能。

第4章

大数据

学习目标

1. 知识目标

(1) 了解什么是大数据，了解大数据的起源。

(2) 了解大数据的特征、大数据与海量数据的区别。

(3) 熟悉大数据的核心技术。

(4) 熟悉大数据在不同行业的应用价值，掌握典型的大数据应用案例及其中的大数据服务技术。

(5) 了解大数据的现状与发展趋势，研判大数据未来。

2. 能力目标

(1) 培养学生自主学习，探究学习能力，提高学生综合运用所学知识分析问题和解决问题的能力。

(2) 培养学生团队合作能力、沟通和组织协调能力。

(3) 培养学生大数据意识和思维能力，提高学生数据获取、分析、处理能力，充分利用网络数据为自己的工作和生活服务。

(4) 通过大数据促进新技术、新应用、新工具产生，培养学生的创新精神。

3. 素质目标

(1) 通过大数据相关知识学习和对国家大数据发展战略的了解，体会科技兴国的重要意义，树立正确的个人奋斗目标，制订相应的职业生涯规划。

(2) 通过疫情中大数据应用案例的分析，培养学生民族自信心、集体主义精神，增强爱国意识。

(3) 通过学生对大数据治理体系相关政策的解读，培养学生良好的职业素养和职业操守，依法守法，按章办事。

☞ 前　言

　　随着中国特色社会主义进入新时代，实现中华民族伟大复兴的中国梦开启新征程。党中央决定实施国家大数据战略，吹响了加快发展数字经济、建设数字中国的号角。在 2015 年 10 月 26 日至 29 日召开的中国共产党第十八届中央委员会第五次全体会议

（简称十八届五中全会）上，"十三五"规划建议提出实施国家大数据战略，旨在全面推进我国大数据发展和应用，加快建设数据强国，推动数据资源开放共享，释放技术红利、制度红利和创新红利，促进经济转型升级。

习近平总书记在十九届中共中央政治局第二次集体学习时的重要讲话中指出，"大数据是信息化发展的新阶段"，并做出了"推动大数据技术产业创新发展、构建以数据为关键要素的数字经济、运用大数据提升国家治理现代化水平、运用大数据促进保障和改善民生、切实保障国家数据安全"的战略部署，为我国构筑大数据时代国家综合竞争新优势指明了方向。

导入案例：通信大数据行程卡

2019 年年末，一种可恶的新型冠状病毒悄然萌生，全世界都陷入慌乱之中，一旦感染这种病毒，就会引起急性呼吸道疾病，引起发热、肺炎等一系列症状，症状严重时，可引起患者死亡。这种病毒带有很强的传染性，如果不采取必要的防疫措施，势必会引起较大范围流行。此时恰逢庚子之初，我国传统新年即将来临，随着春运的人群流动，这种病毒在全国各地迅速蔓延，一场没有硝烟的战争悄悄拉开了帷幕。在党中央领导下，举国上下万众一心，同舟共济，与时间赛跑，与病毒抗衡，各种疫情防控政策和措施迅速制定并全面实施。我国疫情最终得到了有效控制，但国际形势依然严峻。"外防输入，内防反弹"，既要防止疫情扩散，又要保证群众安全出行，复工复产，拉动经济发展。居民 14 天内的行程查验起到了关键的甄别作用。

在这一背景下，2020 年 2 月底，中国信息通信研究院联合三家基础电信企业，利用电信大数据推出"通信大数据行程卡"服务，为全国 16 亿手机用户免费提供其本人前 14 天内到访地服务，如图 4 - 1 所示。用户只需要输入手机号，在获取验证码后即可免费查

图 4 - 1　通信大数据行程卡

询到 14 天内的行程，并根据结果显示为红色、黄色或绿色三种卡片。可帮助各地方、各单位及时识别外来及返工人员带来的风险，方便政府精准施策，充分发挥了电信大数据在疫情防控中的关键作用，大大提升了流动人员查验效率，为用户返岗复工带来很大方便。

本章将探秘大数据，了解大数据的起源，熟悉大数据的特征，探究大数据的核心技术，熟悉大数据技术服务在各行业的应用价值，体会大数据带给我们的方便与快捷，了解大数据发展现状和未来发展趋势，研判大数据未来。

4.1　了解大数据起源与发展

4.1.1　什么是大数据？

一则漫画带你了解什么是大数据。

这就是大数据

大数据是 IT 行业术语或称巨量资料，是指无法在一定时间范围内用常规软件进行捕捉、管理和处理的数据集合，是需要全新的处理模式才能具有更强的决策力、洞察发现力和流程优化能力的海量、高速增长和多样化的信息资产，大数据就是"未来的新石油"，如图 4－2 所示。

图 4－2　大数据

4.1.2　了解大数据起源

数据伴随着人类社会的发展和迁徙，承载着人类基于数据和信息去认识世界、改造世界的伟大成就。从"结绳记事"开辟文明之路，到"文以载道"的近代文明，再到以"数据建模"为核心的现代科学，直至今天以电子计算机为代表的现代信息技术时代，人类掌握数据、处理数据的能力才实现了质的飞跃，如图 4－3 所示。信息技术及其在经济社会发展方方面面的应用（即信息化），推动数据（信息）成为继物质、能源之后的又一种重要战略资源。

数据不再是社会生产的"副产物"，而是可被二次乃至多次加工的原料，从中可以探索更大价值，它变成了生产资料。

仅供开采162年

仅供开采45年　　仅供开采60年

不可再生资源与数据

过去3年的数据总量比以往4万年的还多

2013年，10 min的信息总量达1.8 ZB

2010年，全球数据总量1.2 ZB，年增长50%

图 4-3　"数据"的本质是生产资料和资产

"大数据"这一概念起源自互联网，大数据的作用是更好地了解客户喜好，它将海量碎片化的数据信息进行加工、筛选，并最终归纳整理出企业所需的信息，而这些海量的数据正是来自互联网。

最早的有关大数据概念的提出可以追溯到 1998 年，美国高性能计算公司 SGI 的首席科学家约翰·马西（John Mashey）在一个国际会议报告中指出：随着数据量的快速增长，必将出现数据难理解、难获取、难处理和难组织四个难题，并用"Big Data（大数据）"来描述这一挑战，在计算领域引发思考，如图 4-4 所示。

尽管"数据是资产"概念已经广为人知，但"如何管理数据资产"仍然缺少成熟理论以及工具手段

数据资产管理是企业或组织采取的各种管理活动，用于保证数据资产的安全完整、合理配置和有效利用，从而提高带来的经济效益，保障和促进各项事业发展。该领域是大数据时代企业布局竞争的核心，也是目前市场空白。

图 4-4　数据资产的管理面临新的挑战

数据资产化

在大数据时代，数据不仅是一种"资源"，还是一种"资产"，应该把数据当作一种资产来进行管理，而不仅仅是作为资源来对待。和其他的资产一样，数据资源同样具有财务价值，需要作为独立实体进行组织与管理。

4.1.3 探秘大数据发展

2007年，数据库领域的先驱人物吉姆·格雷（Jim Gray）指出，大数据将成为人类触摸、理解和逼近现实复杂系统的有效途径，并认为在实验观测、理论推导和计算仿真等三种科学研究范式后，将迎来第四范式——数据探索，后来同行学者将其总结为"数据密集型科学发现"，开启了从科研视角审视大数据的热潮，如图4-5所示。

图4-5　数据规模呈现出爆炸性增长的趋势

2012年，牛津大学教授维克托·迈尔-舍恩伯格（Viktor Mayer-Schnberger）在其畅销著作《大数据时代》中指出，数据分析将从"随机采样""精确求解"和"强调因果"的传统模式演变为大数据时代的"全体数据""近似求解"和"只看关联不问因果"的新模式，从而引发商业应用领域对大数据方法的广泛思考与探讨。

大数据于2012年、2013年达到其宣传高潮，2014年后，概念体系逐渐成形，对其认知也趋于理性。大数据相关技术、产品、应用和标准不断发展，逐渐形成了包括数据资源与API、开源平台与工具、数据基础设施、数据分析、数据应用等板块构成的大数据生态系统，并持续发展和不断完善，其发展热点呈现了从技术向应用，再向治理的逐渐迁移。经过多年来的发展和沉淀，人们对大数据已经形成基本共识：大数据现象源于互联网及其延伸所带来的无处不在的信息技术应用以及信息技术的不断低成本化。

大数据泛指无法在可容忍的时间内用传统信息技术和软硬件工具对其进行获取、管理和处理的巨量数据集合，具有海量性、多样性、时效性及可变性等特征，需要可伸缩的计算体系结构来支持其存储、处理和分析。

2019 年 10 月 30 日，中国人大网发布《大数据：发展现状与未来趋势》一文。文章指出："大数据是信息化发展的新阶段，以推动大数据技术产业创新发展、构建以数据为关键要素的数字经济为抓手，运用大数据提升现代化水平及保障数据安全。"

大数据的价值本质上体现为：提供了一种人类认识复杂系统的新思维和新手段。就理论而言，在足够小的时间和空间尺度上，对现实世界数字化，可以构造一个现实世界的数字虚拟映像，这个映像承载了现实世界的运行规律。在拥有充足的计算能力和高效的数据分析方法的前提下，对这个数字虚拟映像的深度分析，将有可能理解和发现现实复杂系统的运行行为、状态和规律。应该说大数据为人类提供了全新的思维方式和探知客观规律、改造自然和社会的新手段，这也是大数据引发经济社会变革最根本性的原因。

物联网、社交网络平台及 APP、云计算等新兴技术不断融入我们的生活，伴随着现有的计算能力、存储空间、网络带宽的高速发展，人类对数据的积累在互联网、通信、金融、商业、医疗等诸多领域不断增长，人类社会利用数据价值分析和处理问题的大数据时代全面开启。

4.1.4　熟悉大数据特征

维克托·迈尔－舍恩伯格和肯尼斯·库克耶在《大数据时代》中提出了大数据的 4V 特点：规模性（Volume）、高速性（Velocity）、多样性（Variety）、价值性（Value），如图 4 – 6 所示。

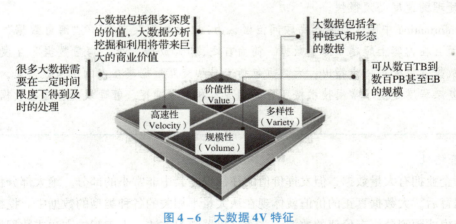

图 4 – 6　大数据 4V 特征

1. 规模性

信息技术的高速发展，带来数据的爆发，大数据中的数据不再是传统意义中的以 GB、

TB 为单位来衡量，而是以 PB（10^3 TB）、EB（10^6 TB）或 ZB（10^9 TB）为计量单位。

2. 多样性

数据的多样性主要体现在数据来源多、数据类型多和数据之间关联性强这三个方面，见表 4 – 1。

表 4 – 1　大数据的数据多样性

数据来源多	企业所面对的传统数据主要是交易数据，而互联网和物联网的发展带来了诸如社交网站、传感器等多种来源的数据
数据类型多，多为非结构化数据	传统数据都是以表格的形式保存的结构化数据，而大数据中有 70%～85% 的数据是如图片、音频、视频、网络日志、链接信息等非结构化和半结构化的数据
数据之间关联性强，交互频繁	如游客在旅游途中上传的照片和日志，就与游客的位置、行程等信息有很强的关联性

3. 高速性

高速性是大数据区分于传统数据挖掘最显著的特征。大数据与海量数据的重要区别是大数据要求的数据规模更大；大数据对处理数据的响应速度要求更严格。大数据采用实时分析，数据输入、处理与丢弃立刻见效，几乎无延迟。

> **拓展知识**
>
> ### 大数据与海量数据的区别
>
> 大数据不等同于海量数据，主要体现在多样性、规模性和高速性。它们的区别是大数据包含的数据具有多样性，包含结构化的和非结构化的数据；大数据包含的数据具有一定的规模性，聚合在一起供分析的数据量必须是非常庞大的；而高速性则是指数据处理的速度必须很快。
>
> Informatica 中国区首席产品顾问但彬认为：“大数据”包含了“海量数据”的含义，而且在内容上超越了海量数据，简而言之，“大数据”是“海量数据”＋复杂类型的数据。但彬进一步指出：大数据包括交易和交互数据集在内的所有数据集，其规模或复杂程度超出了常用技术按照合理的成本和时限捕捉、管理及处理这些数据集的能力。

4. 价值性

尽管企业拥有大量数据，但发挥价值的往往仅是其中非常小的部分。绝大部分价值隐藏在大数据背后。大数据真正的价值就体现在从大量不相关的各种类型的数据中。挖掘出对未来趋势与模式预测分析有价值的数据，并通过机器学习方法、人工智能方法或数据挖掘技术深度分析，将其成果运用于农业、金融、医疗等各个领域，从而创造更大的价值、行为、状态和规律。

应该说大数据为人类提供了全新的思维方式和探知客观规律、改造自然与社会的新手段，这也是大数据引发经济社会变革最根本性的原因。

☞讨 论
　　什么是大数据？大数据解决了什么问题？大数据和海量数据有什么区别？

4.2 掌握大数据核心技术

从大数据的生命周期来看，大数据采集、大数据预处理、大数据存储、大数据分析共同组成了大数据生命周期里最核心的技术，如图 4-7 所示。

图 4-7 大数据核心技术

4.2.1 大数据采集

大数据采集，即对各种来源的结构化和非结构化海量数据所进行的采集，见表 4-2。

表 4-2 大数据采集

数据库采集	利用 Sqoop 和 ETL 数据采集工具可将数据导出为传统的关系型数据库 MySQL 和 Oracle 等
网络数据采集	网络爬虫或网站公开 API，从网页获取非结构化或半结构化数据，并将其统一结构化为本地数据的数据采集方式
文件采集	•实时文件采集和处理技术 Flume、基于 ELK 的日志采集和增量采集等

4.2.2 大数据预处理

大数据预处理是指通过对采集到的原始数据进行"清洗、填补、平滑、合并、规格化、一致性检验"等一系列操作，提高数据质量，为数据分析奠定良好的基础。

大数据预处理主要包括四个部分：数据清理、数据集成、数据转换、数据规约，见表 4-3。

表 4 − 3　　大数据预处理

数据清理	指利用 ETL 等清洗工具，对有遗漏数据（缺少感兴趣的属性）、噪声数据（数据中存在着错误或偏离期望值的数据）、不一致数据进行处理
数据集成	将不同数据源中的数据合并存放到统一数据库的存储方法，着重解决三个问题：模式匹配、数据冗余、数据值冲突检测与处理
数据转换	是指对所抽取出来的数据中存在的不一致进行处理的过程。它同时包含了数据清洗的工作，即根据业务规则对异常数据进行清洗，以保证后续分析结果的准确性
数据规约	在最大限度保持数据原貌的基础上，最大限度精简数据量，以得到较小数据集的操作，包括数据立方体聚集、数据压缩、数值规约、概念分层等

4.2.3　大数据存储

大数据存储是指用存储器以数据库的形式存储采集到的数据的过程，其包含三种典型路线，见表 4 −4。

表 4 −4　　大数据存储

基于 MPP 架构的新型数据库集群高效分布式计算模式	采用 Shared Nothing 架构 + MPP 架构。重点面向行业大数据所展开的数据存储方式，采用列存储、粗粒度索引等多项大数据处理技术。 成本低、性能高、扩展性高，广泛应用于企业分析
基于 Hadoop 的技术扩展和封装	Hadoop 解决了传统关系型数据库无法存储和处理非结构化数据的弊病，Hadoop 具有开源优势和善于处理非结构、半结构化数据，以及复杂的 ETL 流程、复杂的数据挖掘和计算模型等相关特性，应用前景广泛，最为典型的应用场景是通过扩展和封装 Hadoop 来实现对互联网大数据存储、分析的支撑，其中涉及几十种 NoSQL 技术
大数据一体机	专为大数据的分析处理而设计的软、硬件结合的一种产品。它由一组集成的服务器、存储设备、操作系统、数据库管理系统，以及为数据查询、处理、分析而预安装和优化的软件组成，具有良好的稳定性和纵向扩展性

拓展知识

结构化数据和非结构化数据

结构化数据：结构化数据也称作行数据，是由二维表结构来逻辑表达和实现的数据，严格地遵循数据格式与长度规范，主要通过关系型数据库进行存储和管理。

非结构化数据：非结构化数据是数据结构不规则或不完整，没有预定义的数据模型，不方便用数据库二维逻辑表来表现的数据。其包括所有格式的办公文档、文本、图片、XML、HTML、各类报表、图像和音频/视频信息等。

4.2.4 大数据分析

大数据分析是指从可视化分析、数据挖掘算法、预测性分析、语义引擎、数据质量管理等方面对杂乱无章的数据进行萃取、提炼和分析的过程，见表 4 – 5。

表 4 – 5 大数据分析

可视化分析	指借助图形化手段，清晰并有效传达与沟通信息的分析手段。其简单明了、清晰直观、易于接受，主要应用于海量数据关联分析，即借助可视化数据分析平台，对分散异构数据进行关联分析，并做出完整分析图表的过程
数据挖掘算法	是大数据分析的理论核心，通过创建数据挖掘模型，对数据进行试探、计算和分析。首先分析用户提供的数据，然后针对特定类型的模式和趋势进行查找，用分析结果定义创建挖掘模型的最佳参数，并将这些参数应用于整个数据集，以提取可行模式和详细统计信息
预测性分析	是大数据分析最重要的应用领域之一，通过结合多种高级分析功能（特别是统计分析、预测建模、数据挖掘、文本分析、实体分析、优化、实时评分、机器学习等），达到预测不确定事件的目的。帮助用户分析结构化和非结构化数据发展趋势、模式和关系，并运用这些指标来预测将来事件，为采取措施提供依据
语义引擎	指通过为已有数据添加语义的操作，提高用户互联网搜索体验
数据质量管理	指对数据全生命周期的每个阶段（计划、获取、存储、共享、维护、应用、消亡等）中可能引发的各类数据质量问题，进行识别、度量、监控、预警等操作，以提高数据质量的一系列管理活动

拓展知识

Hadoop 的优缺点

Hadoop 目前可以做的是离线的数据分析处理，虽然每次都会产生磁盘文件，速度比较慢，但相对稳定，对于大量的对数据实时性要求不高的数据，可以使用 Hadoop。

Hadoop 的优势：高可靠性（Hadoop 底层维护多个数据副本，所以即使 Hadoop 某个计算元素或者存储出现故障，也不会导致数据丢失）、高扩展性（可以在集群中分配任务数据，方便扩展数以千计的节点）、高效性（在 MapReduce 思想下，Hadoop 是并行工作的，可提高任务的处理速度）。

Hadoop 的缺点：不能进行实时的处理，给出的结果没有实时性，效率较慢。

☞ 知识小问答

大数据的核心技术是什么？上网查询资料，简单描述 Hadoop。

4.3 熟悉大数据应用领域

近年来各地云计算、大数据中心如雨后春笋般不断建立和完善，用大数据代替人工做出相应的判断，能更好地解决现实的问题，大数据的应用已经惠及生活的方方面面。

1. 电商行业

最早利用大数据进行精准营销的是电商行业，它根据客户的消费习惯进行数据分析，预测流行趋势、消费趋势、地域消费特点、客户消费习惯、各种消费行为等，提前准备生产资料、物流管理等，有利于精细社会大生产，如图 4-8 所示。

图 4-8　大数据客户行为分析用户画像

2. 金融行业

大数据分析可以帮助金融机构以数据为基础，对现象进行分析和预测，精准地对市场变化做出反应。大数据可以帮助金融机构识别客户需求，量身打造金融产品。通过大数据底层平台建设，并实现文字、图片和视频等更加多元化数据的存储分析，有效提升金融机构数据资产管理能力。大数据技术可以帮助金融机构通过客户相关数据信息来分析、识别可疑信息和违规操作，规避风险，如图 4-9 所示。

3. 医疗行业

病菌、病毒及肿瘤细胞不但数目及种类繁多，而且处于不断的进化中。在诊断疾病时，疾病的确诊和治疗方案的确定是最困难的。医疗行业拥有大量的病例、病理报告、治愈方案、药物报告等数据资源，在未来，借助于大数据平台，可以收集不同病例和治疗方案，以及病人的基本特征，建立针对疾病特点的数据库。如果未来基因技术发展成熟，可以根据病人的基因序列特点进行分类，建立医疗行业的病人分类数据库。在医生诊断病人时，可以参

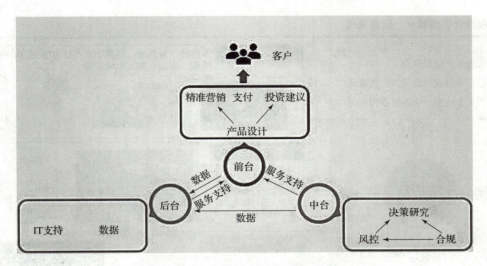

图4-9 大数据在金融领域的应用场景

考病人的疾病特征、化验报告和检测报告，参考疾病数据库来快速帮助病人确诊，明确定位疾病。在制订治疗方案时，医生可以依据病人的基因特点，调取相似基因、年龄、人种、身体情况相同的有效治疗方案，制订出适合病人的治疗方案，帮助更多人及时进行治疗。同时，这些数据也有利于医药行业开发出更加有效的药物和医疗器械，如图4-10所示。

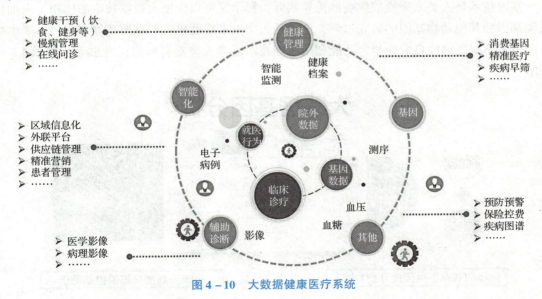

图4-10 大数据健康医疗系统

4. 农牧渔

    农牧渔领域应用大数据分析来有计划地展开生产，降低菜贱伤农的概率；可以精准预测天气变化，帮助农民做好自然灾害的预防工作，还能够提高单位种植面积的高产出；牧农可以根据大数据分析安排放牧范围，有效利用农场，减少动物流失；渔民可以利用大数据安排休渔期、定位捕鱼等，同时，也能减少人员损伤，如图4-11所示。

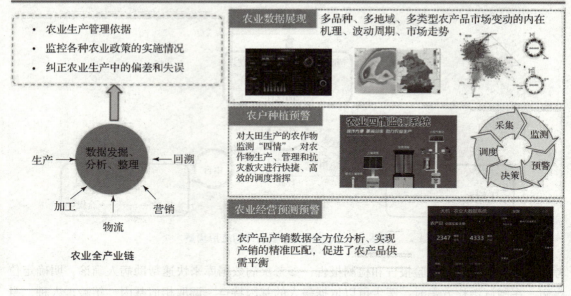

图 4-11　大数据在农业应用

5. 生物技术

基因技术是人类未来挑战疾病的重要武器，科学家可以借助大数据技术的应用，来加快人类基因和其他动物基因的研究过程，这将是人类未来战胜疾病的重要武器之一，未来生物基因技术不仅能够改良农作物，还能利用基因技术培养人类器官和消灭害虫等，如图 4-12 所示。

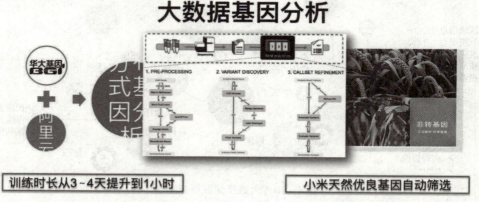

图 4-12　大数据基因分析

6. 智慧城市

大数据还被应用于改善我们日常生活的城市。例如，基于城市实时交通信息，利用社交网络和天气数据来优化最新的交通情况，如图 4-13 所示。目前很多城市都在进行大数据的分析和试点。

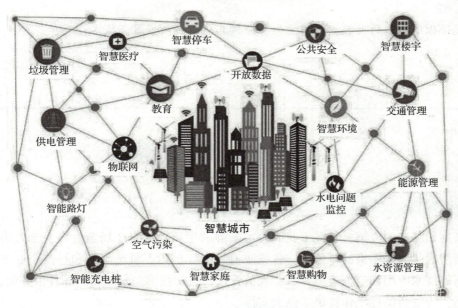

图 4 – 13　大数据智慧城市

7. 改善安全和执法

大数据现在已经广泛应用到安全执法的过程当中。想必大家都知道美国国家安全局利用大数据进行恐怖主义打击，甚至监控人们的日常生活。企业则应用大数据技术进行防御网络攻击，警察应用大数据工具进行捕捉罪犯，信用卡公司应用大数据工具来监测欺诈性交易，如图 4 – 14 所示。

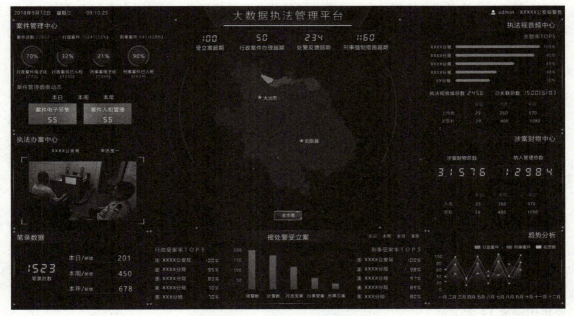

图 4 – 14　大数据执法管理平台

☞ 讨 论

说说你所熟悉的大数据应用案例，分析其中的大数据服务技术。

4.4 大数据应用典型案例

4.4.1 疫情下的大数据

一场突如其来的疫情，打乱了我们原本平静的生活。这是一场全世界、全人类的战役。在防控新型冠状病毒感染的斗争中，各级政府、医疗机构、科研部门和科技企业迅速行动，把大数据等技术应用到疫情监测分析、人员管控、医疗救治、复工复产等各个方面，发挥了巨大作用，为疫情防控工作提供了强大支撑。

1. 有力支持疫情防控知识传播

借助于移动互联网和智能手机，人们可以随时随地获取最新疫情动态、科学防疫知识等各种数据。各地政府通过电子政务平台、微博、公众号等定时发布最新疫情动态，各类新闻客户端、社交平台、搜索引擎、短视频平台等也积极配合疫情相关信息的发布和传播。

中国联通基于数据平台的大数据服务可对接各级政府相关部门，如街道、医院、疾控中心、各监控卡点、网络管理员和疫情作战指挥中心，提供方便快捷的疫情信息上报、疫情态势分析、复工复产率及走势数据、防控政策推送等信息化管理手段，实现疫情防控各方基于大数据平台开展疫情防控工作，互通疫情防控数据，促进从政府各部门到医疗机构，再到居民之间的疫情信息传递效率，有助于疫情早发现、早解决、早处置，提升全社会整体对疫情的防控能力。

2. 迅速锁定"涉疫"人员流动轨迹，开展疫情发展态势预测与溯源

通过集成电信运营商、互联网公司、交通部门等单位的信息，大数据技术可以梳理感染者的移动轨迹，追踪人群接触史，建立知识图谱，为精准定位疫情传播路径，防控疫情扩散等方面提供重要信息，如图 4 – 15 所示。基于疫情高危人群相关数据，结合疫情新增确诊、疑似、死亡、治愈病例数，借助传播动力学模型、动态感染模型、回归模型等大数据分析模型和实践技术，不仅可以分析展示发病热力分布图和密切接触者的风险热力分布图，还可以进行疫情峰值拐点等大态势研判。

陕西健康码最主要的是基于手机号码的手机定位，基于身份证号码下的消费记录、交通记录，以及填报行程信息或者扫描场景位置登记等，结合疫情进行大数据分析后的结果展示。由软件信息系统赋予红、黄、绿三色健康二维码，实行动态管理。其中绿色码表示"未见异常"，可以正常通行；黄码表示"居家隔离"，要隔离 7 天；红码表示"医学隔离"，要集中隔离 14 天。

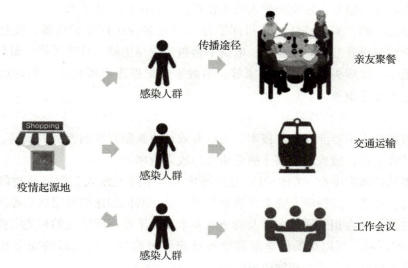

传播途径

感染人群　　　　　　亲友聚餐

疫情起源地　　感染人群　　交通运输

感染人群　　　　　　工作会议

图 4 – 15　疫情传播知识图谱

　　兰州大学新冠肺炎疫情全球预测系统于 2021 年 1 月初发布，并对"12·9"西安市突发新冠肺炎疫情进行预测与分析。西安市此轮疫情来源于境外输入，为德尔塔变异株，传染性较强；冬季气温低下，新冠病毒更加活跃，加剧其迅速传播的风险；此外，西安此轮疫情出现三条传染链，各条传染链之间缺少关联，呈现出"隐匿传播"的特点，疫情形势较为复杂。

　　西安疫情发生以来，预测组跟进西安市疫情防控动态，在新冠肺炎疫情全球预测系统中综合考虑了当地城市特征、气象条件和管控措施等影响因素。系统的更新预测结果显示，在当前政府采取的及时、有效的管控措施下，西安市此轮疫情预计将于 2022 年 1 月 15 日左右得到控制，累计确诊病例数预计约 2 115 人（1 703 ~ 2 526 人）。

3. 助力地方政府科学精准施策

　　运用大数据分析，结合算法模型对疫情的传播速度、传播趋势等进行预测，可为各地进行动态监测管理、统筹医疗物资储备、保障民生物资供应、制定交通管制政策等提供有效依据。

　　国家电网浙江杭州供电公司研发了全国首个"电力大数据 + 社区网格化"算法，实现了收集、研判电力数据功能，对滨江 157 476 户居民、超过 1 000 万条电力数据进行了收集和分析。为了精准判断细微的用电数据差别，在算法中开发了居民短暂和长期外出、举家返回、隔离人员异动等 3 个场景 6 套算法模型。通过 3 轮 150 余万条次电力大数据巡航，精准判断出区域内人员日流动量和分布，还实时监测居家隔离人员、独居老人等特殊群体 347户。这让社区人员能够根据电量波动来判断业主状况，做好跟踪服务。

　　好大夫在线、丁香园、春雨医生、平安好医生等企业集结了呼吸科、感染科、内科等领域过万医疗专家资源，为患者提供免费问诊，同时，为防疫一线的医生、护士等开通了热线服务，提供心理疏导。百度地图上线"发热门诊地图"，可查看附近开设发热门诊的医疗机构名单以及营业时间。阿里和京东均推出了疫情服务机器人，能够向用户提供急需的线上问诊、疫情知识普及等服务，减少医护人员工作量，减轻医院门诊压力。

软通智慧推出的"新冠疫情防控指挥平台"通过整合医疗救护资源，优化防控物资保障，帮助各个城市提升基层防控能力。电商平台包括盒马生鲜、叮咚买菜、每日优鲜、美团买菜、天猫超市、永辉买菜、京东到家等，多数平台根据距离所在地区的远近优选超市门店，并提供全天配送服务。

4. 推动病例诊断与疫情研究

运用大数据和人工智能等相关技术，可以有效加速新型冠状病毒宿主预测、药物筛选等数据分析和计算工作，极大地提高了病毒研究与攻克效率。

全球健康药物研发中心（GHDDI）会同清华大学学院上线人工智能药物研发平台和大数据分享平台，免费将药物研发资源开放给科研人员，共同加速新型冠状病毒药物研发。里面涵盖了既往冠状病毒相关研究中涉及的 900 多个小分子在不同阶段的相关实验信息。结合"老药新用"的思路，可以帮助科学家高效筛选出经过临床一期实验的安全性已知的化合物，有效缩短针对此次疫情的药物研发时间。

☞ 思 考

说说你使用健康码的经历，谈谈大数据带给你的体会。

4.4.2　大数据助力精准扶贫

2014 年 12 月 11 日闭幕的中国中央经济工作会议透出了 2015 年经济工作的一系列新动向。在扶贫方面，要求实现精准脱贫，防止平均数掩盖大多数，要求更加注重保障基本民生，更加关注低收入群众生活。2017 年 10 月 18 日，习近平同志在十九大报告中指出，要坚持精准脱贫。

在此时代背景下，各种大数据扶贫 APP 应运而生，助力扶贫工作，实现定位贫困人群，摸清致贫原因，精准帮扶，政策宣传等，如图 4 - 16 所示。

图 4 - 16　大数据精准扶贫的云价值

　　陕西精准扶贫"扶贫大数据"APP 平台立足于本地经济发展特点和本地扶贫工作的特殊要求，是针对陕西省驻村扶贫干部打造的移动办公应用，使用这款软件可以及时地接收最新的扶贫政策资讯，及时录入扶贫对象信息，并进行核实和统计，做好脱贫攻坚工作。

　　根据政策解读、范围控制、分级负责、动态管理、一户一策、实时监控、脱贫追踪的原则，帮助各级政府扶贫部门对每一个贫困县、乡、村、户、人口建立全面的档案信息，推进专项扶贫，深入分析致贫原因，逐村逐户制定脱贫措施。全力实现扶贫对象精确化、资金使用透明化、扶贫措施多样化、扶贫责任明确化、扶贫效果显著化，提高扶贫工作的可控性和操作性，如图 4-17 所示。

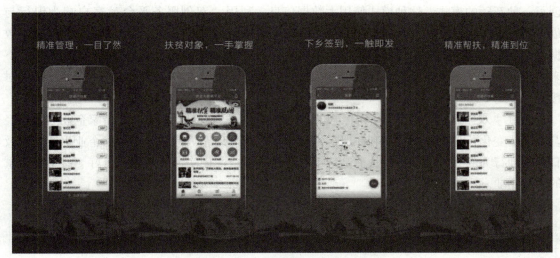

图 4-17　陕西扶贫大数据 APP

软件功能：

1. 新闻搜索

新闻公告页面，增加"搜索"功能，可以快速查找新闻或公告。

2. 贫困户常驻地位置

增加"常驻地位置"功能。通过编辑贫困户常驻地位置，补充完善贫困户家庭位置信息。

3. 一键分享

增加"一键分享"功能，可通过微信、微信朋友圈、QQ、新浪微博等工具将精准扶贫 APP 分享给他人。

4. 到村签到

优化到村签到功能，如果系统自动获取的位置不详细，可以"选择"附近位置或"搜位"查找更详细、更准确的位置。

4.4.3　巧用大数据坐上"普惠金融直通车"，圆大学生创业梦想

　　随着我国社会从生产密集型产业向技术密集型产业迈进，劳动力过剩，就业压力不断加剧，自主创业逐渐成为大学生就业新形势。大学生作为我国"十三五"规划的创业主要人

群，有着较为丰富的知识储备和创造力，但同时也存在很多弊端，这个群体缺乏社会实践经验与能力，创业的成功率较低。大学期间花光了家中积蓄，创业所需的启动资金难以筹集，也成了大学生创业的"拦路虎"，导致大部分大学生创业在初期就自行夭折，大学生创业成了国家和社会共同关注的话题。大数据技术与服务为大学生创业提供了新的机遇与挑战，助力大学生实现创业梦想。

以往大学生创业贷款难，主要难在不懂得如何与银行合作，不懂得如何积累信用，同时，还存在银行获客成本高、贷前审查工作量大、贷后监管难度大等问题。

那么如何切实地为青年大学生创业者解决融资难问题呢？青创园与北京银行的合作就开创了一种新颖的模式，这种模式使用大数据信息，利用"双创服务平台"客户端为银行与创业者搭起了桥梁。在双创服务平台的基础上增添金融科技功能，用人工智能企业大数据以及物联网技术解决上述问题，并得到北京银行的支持，为园区企业授信。园区接下来会推动更多的科技金融产品和文化金融产品落地，充分利用双创的数据平台为银企对接做好服务。

通过"双创服务平台"客户端，实时掌握在园区注册并经营的 2 000 余家企业的生产经营、人员变化、政府补贴、专利注册、纳税申报、管理动态等信息，实现对企业生产经营及日常管理行为的大数据分析，从而筛选出有科技含量或文创实力、发展前景好、有融资需求的小微企业。

> ☞ 讨 论
>
> 　了解个人征信报告大数据，如何提高个人征信？

4.5　了解大数据的发展现状

在全球范围内，研究发展大数据技术、运用大数据推动经济发展、完善社会治理、提升政府服务和监管能力正成为趋势，如图 4–18 所示。

4.5.1　当前大数据应用尚处于初级阶段

虽然大数据应用成功的案例数不胜数，但从其效果和深度来看，当前大数据应用尚处于初级阶段，未来的发展重点将是根据大数据分析预测未来、指导实践的深层次应用。

按照数据开发应用深入程度的不同，可将众多的大数据应用分为三个层次，如图 4–19 所示。

当前，在大数据应用的实践中，描述性、预测性分析应用多，决策指导性等更深层次分析应用偏少，大数据服务将向更多、更好、更杂的趋势迈进，如图 4–20 所示。

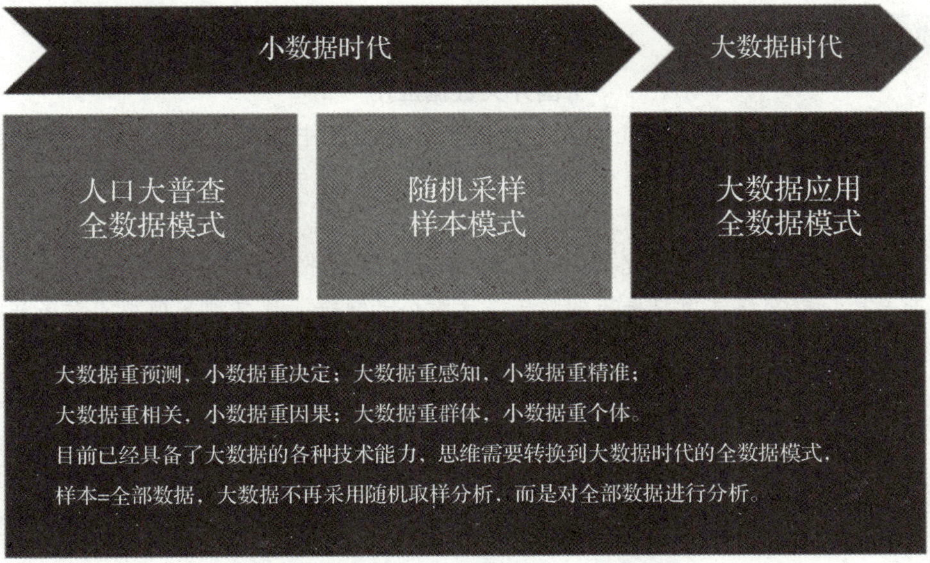

小数据时代　　　　　　　　　　大数据时代

人口大普查 全数据模式	随机采样 样本模式	大数据应用 全数据模式

大数据重预测，小数据重决定；大数据重感知，小数据重精准；大数据重相关，小数据重因果；大数据重群体，小数据重个体。

目前已经具备了大数据的各种技术能力，思维需要转换到大数据时代的全数据模式。

样本=全部数据，大数据不再采用随机取样分析，而是对全部数据进行分析。

图 4 – 18　小数据时代与大数据时代的区别

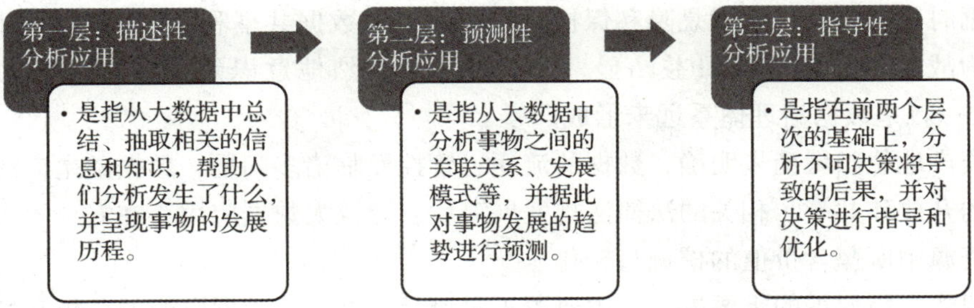

第一层：描述性分析应用 → 第二层：预测性分析应用 → 第三层：指导性分析应用

- 是指从大数据中总结、抽取相关的信息和知识，帮助人们分析发生了什么，并呈现事物的发展历程。
- 是指从大数据中分析事物之间的关联关系、发展模式等，并据此对事物发展的趋势进行预测。
- 是指在前两个层次的基础上，分析不同决策将导致的后果，并对决策进行指导和优化。

图 4 – 19　大数据应用

复杂
不是精确性，而是混杂性

更好
不是因果关系，而是相关关系

更多
不是随机样本，而是全部数据

图 4 – 20　大数据应用的新要求

国外大数据应用

美国的 DOMO 公司从其企业客户的各个信息系统中抽取、整合数据，再以统计图表等可视化形式，将数据蕴含的信息推送给不同岗位的业务人员和管理者，帮助其更好地了解企业现状，进而做出判断和决策。

微软公司纽约研究院研究员 David Rothschild 通过收集和分析赌博市场、好莱坞证券交易所、社交媒体用户发布的帖子等大量公开数据，建立预测模型，对多届奥斯卡奖项的归属进行预测。2014 年和 2015 年均准确预测了奥斯卡共 24 个奖项中的 21 个，准确率达 87.5%。

例如，无人驾驶汽车分析高精度地图数据和海量的激光雷达、摄像头等传感器的实时感知数据，对车辆不同驾驶行为的后果进行预判，并据此指导车辆的自动驾驶。

4.5.2　大数据治理体系远未形成

大数据时代随之而来的就是隐私保护、数据安全与数据共享利用效率三者之间的矛盾，大数据作为战略资源的地位日益凸显，人们越来越强烈地意识到制约大数据发展最大的"短板"之一就是数据治理体系远未形成。

数据资产地位归属尚未明确，数据的流通、管控面临诸多问题，数据壁垒广泛存在，阻止了数据的开放和共享，相关的法律法规发展滞后，导致大数据应用存在安全隐患，严重制约了数据资源中所蕴含价值的挖掘与转化。

人工智能应用取得的重要进展，主要源于对海量、高质量数据资源的分析和挖掘。对于单一组织机构而言，很难靠自身的积累聚集足够的高质量数据。大数据应用的威力源自多源数据的处理融合和深度分析，从而获得不同角度、全方位视图，单一的系统的数据只能包含事物片面、局部的信息，在此背景下，迫切需要开放数据共享。只有通过共享开放和数据跨域流通，才能建立信息完整的数据集。

然而，数据的无序流通与共享，又可能导致隐私保护和数据安全方面的重大风险，必须对其加以规范和限制，因此迫切需要出台相关的法律法规来约束。

大数据相关法规

2018 年 5 月 25 日，欧盟制定了"史上最严格的"数据安全管理法规《通用数据保护条例》（General Data Protection Regulation，GDPR）并正式生效，生效后，Facebook 和谷歌等互联网企业即被指控强迫用户同意共享个人数据而面临巨额罚款，并被推上舆论的风口浪尖。

2020 年 1 月 1 日，被称为美国最严厉、最全面的个人隐私保护法案——《加利福利亚消费者隐私法案》（CCPA）正式生效。CCPA 规定了新的消费者权利，旨在加强消费者隐私权和数据安全保护，涉及企业收集的个人信息的访问、删除和共享，企业负有保护个人信息的责任，消费者控制并拥有其个人信息，这是美国目前最具典型意义的州隐私立法，提高了美国保护隐私的标准。在这种情况下，过去利用互联网平台中心化搜集用户数据，实现平台化的精准营销这一典型互联网商业模式将面临重大挑战。

我国在个人信息保护方面也开展了较长时间的工作，针对互联网环境下的个人信息保护，制定了《全国人民代表大会常务委员会关于加强网络信息保护的决定》《电信和互联网用户个人信息保护规定》《全国人民代表大会常务委员会关于维护互联网安全的决定》和《消费者权益保护法》等相关法律文件。特别是 2016 年 11 月 7 日，全国人大常委会通过的《中华人民共和国网络安全法》中明确了对个人信息收集、使用及保护的要求，并规定了个人对自己的信息进行更正或删除的权利。2019 年，中央网信办发布了《数据安全管理办法（征求意见稿)》，向社会公开征求意见，明确了个人信息和重要数据的收集、处理、使用及安全监督管理的相关标准与规范。

这些法律法规将在促进数据的合规使用、保障个人隐私和数据安全等方面发挥不可或缺的重要作用。然而，从体系化、确保一致性、避免碎片化方面考虑，制定专门的数据安全法、个人信息保护法是必要的。同时，这些法律法规在实施过程中，也不可避免地增加了数据流通的成本，降低了数据综合利用的效率。

当前全世界在数据治理中面临的共同课题是：如何兼顾发展和安全，平衡效率和风险，在保障安全的前提下，不因噎废食，不对大数据价值的挖掘利用造成过分的负面影响。未来很长一段时间我们的努力方向将是大数据治理体系建设。

☞ 思　考

上网查询了解大数据时代涉及的安全防护技术。对于你的个人信息，你采用了哪些防护措施？

4.5.3　数据规模高速增长，现有技术体系难以满足大数据应用的需求

随着数据规模高速增长，我们现有的技术体系已难以满足大数据应用的需求，大数据理论与技术尚未成熟，未来的信息技术体系将需要颠覆式创新与变革。

近年来，数据规模呈几何级数高速成长。据国际信息技术咨询企业国际数据公司（IDC）的可靠报告，2020 年全球数据存储量达到 44 ZB（1021），预测 2030 年将达到

2 500 ZB。需要处理的数据量已经远远超过目前处理能力的上限，从而导致大量数据因无法处理或者来不及处理而处于未被利用、价值不明的状态，被迫成为"暗数据"。据国际商业机器公司（IBM）的研究报告估计，大多数企业对其所有数据的分析应用只占其拥有数据的1%。

大数据获取、存储、管理、处理、分析等相关的技术已有显著进展，但是大数据技术体系尚不完善，大数据基础理论的研究仍处于萌芽期。首先，大数据定义虽已达成初步共识，但许多本质问题仍存在争议。

（1）数据驱动与规则驱动的对立统一、"关联"与"因果"的辩证关系、"全数据"的时空相对性、分析模型的可解释性与鲁棒性等。

（2）针对特定数据集和特定问题域已有不少专用解决方案，是否有可能形成"通用"或"领域通用"的统一技术体系，仍有待未来的技术发展给出答案。

（3）应用超前于理论和技术发展，数据分析的结论往往缺乏坚实的理论基础，对这些结论的使用仍需保持谨慎态度。

☞讨　论

　　谈谈你对大数据现状的理解。

4.6　预测大数据未来发展趋势

大数据的未来发展，在较长时期内仍将保持渐进式发展态势，数据处理能力的提升将远远落后于数据体量增长，"暗数据"现象将长期存在。大数据发展将呈现以下六种趋势。

1. 物联网

物联网把所有物品通过信息传感设备与互联网连接起来，进行信息交换，即物物相息，以实现智能化识别和管理。

2. 智慧城市

智慧城市就是运用信息和通信技术手段感测、分析、整合城市运行核心系统的各项关键信息；对包括民生、环保、公共安全、城市服务、工商业活动在内的各种需求做出智能响应。

其实质是利用先进的信息技术，实现城市智慧式管理和运行，进而为城市中的人创造更美好的生活，促进城市的和谐、可持续成长。这项趋势的成败取决于数据量是否足够，这有赖于政府部门与民营企业的合作。

此外，发展中的5G网络是全世界通用的规格，如果产品被一个智慧城市采用，将可以应用在全世界所有的智慧城市。

3. 增强现实（AR）与虚拟现实（VR）

虚拟现实技术是一种可以创建和体验虚拟世界的计算机仿真系统，它利用计算机生成一种模拟环境；是一种多源信息融合的、交互式的三维动态视景和实体行为的系统仿真，使用户沉浸到该环境中。

4. 区块链技术

区块链是分布式数据存储、点对点传输、共识机制、加密算法等计算机技术的新型应用模式。共识机制是区块链系统中实现不同节点之间建立信任、获取权益的数学算法。

区块链技术是指一种全民参与记账的方式。所有的系统背后都有一个数据库，可以把数据库看成一个大账本。

区块链有很多不同应用方式，美国几乎所有科技公司都在尝试应用，最常见的应用是比特币跟其他加密货币的交易。

5. 语音识别技术

人们预计，未来 10 年内，语音识别技术将进入工业、家电、通信、汽车电子、医疗、家庭服务、消费电子产品等各个领域。很多专家都认为语音识别技术是 2000—2010 年信息技术领域十大重要的科技发展技术之一。语音识别技术所涉及的领域包括信号处理、模式识别、概率论和信息论、发声机理和听觉机理、人工智能等。

6. 人工智能（AI）

人工智能（Artificial Intelligence，AI）是研究、开发用于模拟、延伸和扩展人的智能的理论、方法、技术及应用系统的一门新的技术科学。

☞ 讨　论

　　大数据、云计算、人工智能三者有什么关系？说说大数据的未来发展趋势。

小结

本章中，我们学习了解了什么是大数据，探索了大数据的起源、发展和现状，通过典型案例的介绍，熟悉了身边的大数据应用技术，研判了大数据的未来发展趋势。

大数据的价值主要体现在它的驱动效应上，大数据对经济的贡献不仅仅反映在大数据公司的直接收入方面，更重要的是大数据的应用对其他行业的效率和质量的提高，随着大数据技术飞速发展，大数据应用已经融入各行各业。大数据产业正快速发展成为新一代信息技术和服务业态，即对数量巨大、来源分散、格式多样的数据进行采集、存储和关联分析，并从中发现新知识、创造新价值、提升新能力。我国大数据应用技术的发展将涉及机器学习、多学科融合、大规模应用开源技术等领域。

思考与练习

1. 什么是大数据？大数据的 4V 特征是什么？
2. 大数据现象是怎样形成的？
3. 大数据的核心技术是什么？大数据存储面临的问题有哪些？
4. 大数据应用领域有哪些？列举 1~2 例你所了解的大数据在生活中的应用。

第5章

云计算

学习目标

1. 知识目标

(1) 熟悉云计算的发展过程。

(2) 了解什么是云计算、云计算的内涵及相关定义。

(3) 熟悉云计算的主要特点及分类。

(4) 了解云计算给企业的 IT 服务管理带来的影响。

2. 能力目标

(1) 能解释云计算的基本概念和分类，了解云计算的发展趋势。

(2) 熟悉云计算的应用领域。

(3) 体验云计算在智慧生活方面的广泛应用。

(4) 能从节源、开源的角度衡量分析云计算优劣。

3. 素质目标

(1) 结合我国云计算的发展，培养学生的民族自豪感。

(2) 根据云计算的具体应用，引导学生注重实际工作中的团队合作。

导入案例：体验百度网盘

现代社会是信息社会，信息必然以某种形式存储，可以存储在本地硬盘、U 盘、磁带、光盘中，也可以存储在网络上，如电子邮箱、QQ 空间、博客空间等，现在来体验一下信息存储百度网盘，如图 5-1 所示，注册、分享、使用百度网盘存储文件。

云存储是通过互联网为企业和个人提供信息的储存、读取、下载等服务的存储系统，是互联网技术的产物，具有安全稳定、海量存储的特点。

用户可以在任何时间、任何地方，通过任何可连网的装置连接到云上，以方便地存取数据。比较知名的云盘服务商有百度网盘、微云、360 云盘等。

云存储是云计算的典型应用。接下来一起认识云计算。

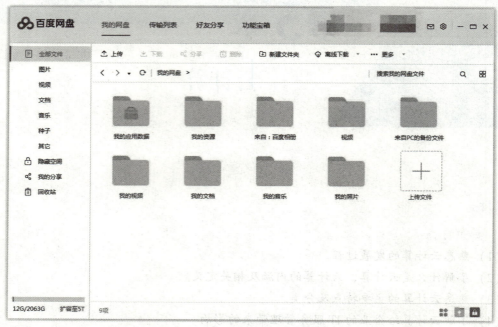

图 5-1　百度网盘使用界面

5.1　云计算是怎么来的？

互联网的快速发展提供给人们海量的信息资源，移动终端设备的不断丰富，使得人们获取、加工、应用信息和向网络提供信息更加方便和快捷。信息技术的进步将人类社会紧密地联系在一起，世界各国政府、企业、科研机构、各类组织和个人对信息的"依赖"程度前所未有。

降低成本、提高效益是企事业单位生产经营和管理的永恒主题，因对"信息"资源的依赖，使得企事业单位在"信息资源的发电站"（数据中心）的建设和管理上大量投入，导致信息化建设成本高，中小企业不堪重负。如图 5-2 所示，传统的信息资源提供模式（自给自足）遇到了挑战，新的计算模式已悄然进入人们的生活、学习和工作，它就是被誉为第三次信息技术革命的"云计算"。

图 5-2　"信息时代核电站"—Google 数据中心

云计算是继大型计算机、客户端/服务器之后的又一种巨变。可以把云计算的发展分为三个阶段：

➢ 第一阶段：2006 年之前，属于发展前期，虚拟化技术、并行计算、网格计算等与云计算密切相关的技术各自发展，其商业化和应用也比较单一和零散。

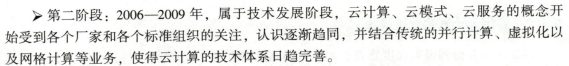

➢ 第二阶段：2006—2009 年，属于技术发展阶段，云计算、云模式、云服务的概念开始受到各个厂家和各个标准组织的关注，认识逐渐趋同，并结合传统的并行计算、虚拟化以及网格计算等业务，使得云计算的技术体系日趋完善。

➢ 第三阶段：2010 年至今，属于技术与应用得到高度重视和飞速发展的阶段。这一阶段非常重要的是云计算得到各个政府、各级企业的高度重视和逐步认同，其技术和应用得到了飞速的发展。

5.1.1 熟悉云计算的演变

云计算是从单机部署到分布式架构，再到基于虚拟机架构的过程演变而来的。演变过程如图 5 - 3 ~ 图 5 - 6 所示。

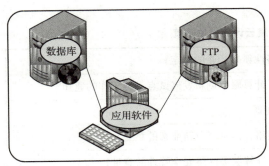

图 5 - 3 单机部署

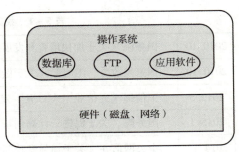

图 5 - 4 分布式架构

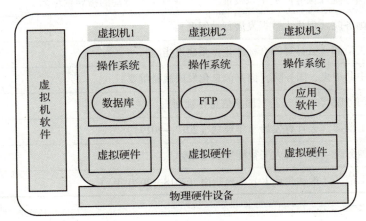

图 5 - 5 虚拟机架构

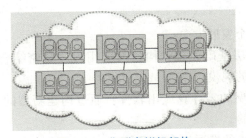

图 5 - 6 集群虚拟机架构

5.1.2 熟悉云计算的发展现状

由于云计算得到国家高度重视，对云计算的发展给予了巨大的支持，又有大公司的推动，发展极为迅速。云计算的发展趋势从垂直走向整合，云计算的范畴越来越广。随着公有云公司提供机器学习和人工智能，意味着人工智能的优质基础设施同样会大量普及，促进人工智能产业的发展。毫无疑问，"云计算"已经成为 IT 行业的主题。无论是国外的巨头亚马逊、谷歌、IBM、微软还是国内巨头百度、阿里、腾讯，一致地把"云"当作未来发展的重点，其市场前景将远远超过计算机、互联网、移动通信和其他市场。

拓展知识

我国发展云计算相关政策见表 5－1。

表 5－1　我国发展云计算相关政策

2010.10	国务院《关于加快培育和发展战略性新兴产业的决定》
2010.10	国家发改委、工信部《关于做好云计算服务创新发展试点示范工作的通知》
2012.5	工信部《通信业"十二五"发展规划》
2015.1	国务院《关于促进云计算创新发展培育信息产业新业态的意见》
2014.12	中央网信办《关于加强党政部门云计算服务网络安全管理的意见》
2015.7	国务院《国务院关于积极推进"互联网＋"行动的指导意见》
2015.8	国务院《促进大数据发展行动纲要》
2015.11	工信部《云计算综合标准化体系建设指南》
2016.7	中共中央、国务院《国家信息化发展战略纲要》
2016.12	国务院《"十三五"国家信息化规划》
2017.3	工信部《云计算发展三年规划（2017—2019）》
2017.7	国务院《新一代人工智能发展规划》
2018.8	工信部《推动企业上云实施指南（2018—2020 年)》

5.1.3 了解云计算的发展趋势

云计算未来主要有两个发展方向：

➤ 发展更大规模的底层基础设施：构建与应用程序紧密结合的大规模底层基础设施，使得应用能够扩展到很大的规模。

➤ 创建更适应社会发展的云计算应用软件：通过构建新型的云计算应用程序，在网络上提供更加丰富的用户体验。

概括地说，云计算未来的发展将会体现在：

（1）走在前端的用户会放弃将 IT 基础设施作为资本性开支的做法，取而代之的是其中的一部分会被作为服务来购买，此外，云计算将应用程序从那些特定的架构中解放出来，构建服务。

（2）云计算已成为不可阻挡的发展趋势，我们国家的信息安全也将面临严重的威胁，必须研发具有自主核心技术的云计算平台。

（3）云计算的发展必将对产业链产生重要的影响。从云计算的发展眼光来看，云计算对中小企业发展的影响巨大，我国必须发展自己的云计算技术与系统。

5.2　什么是云计算？

云计算（Cloud Computing）的概念是在 2007 年提出来的，相继产生了巨大的影响力。云计算技术和产品在谷歌、亚马逊、IBM 以及微软等 IT 巨头们大规模的推动下，现已得到社会的认可。

云计算是一种商业计算模型，它将计算任务分布在大量计算机构成的资源池上，这种资源池称为"云"。也有一些可以进行自我维护和管理的虚拟计算资源，这些资源通常是一些大型服务器集群，包括计算服务器、存储服务器和宽带资源等。

云计算之所以称为"云"，是因为它在某些方面具有现实中云的特征。

例如：

➢ 云一般都较大；

➢ 云的规模可以动态伸缩，它的边界是模糊的；

➢ 云在空中飘忽不定，无法也无须确定它的具体位置，但它确实存在于某处。

5.2.1　学会云计算的定义

云计算是一个新名词，但不是一个新概念，其从互联网诞生以来就一直存在，业界目前并没有对云计算有一个统一的定义，也不希望对云计算过早地下定义。

拓展知识

IT 精英们眼中的云计算

IBM 创始者托马斯·沃森：全世界只需要"五台电脑"就够了。言外之意是世界上只需要几个大的"云计算服务商"向全球提供计算服务就可以了。这些服务商可能是 IBM、谷歌、Microsoft（微软）、Amazon（亚马逊）、阿里巴巴，它们通过互联网络向全球用户提供各种计算服务。当然，随着技术发展的变化，服务商的格局会发生相应的变化。

比尔·盖茨：个人用户的内存只需 640 KB 足矣。用户端硬件配置不用追求高配置，只需要浏览器就可以获取云端计算能力，得到各种服务。

李开复：钱庄。最早人们只是把钱放在枕头底下，后来有了钱庄，很安全，不过兑换起来很麻烦。现在发展到银行，可以到任何一个网点取钱，甚至通过 ATM 取钱。

到目前为止，云计算的定义还是没有统一的标准。这也可能是因为云计算的类别（私用云、公有云、混合云）的特征不同，从而很难得到标准的定义。同时，对云计算的认识不同，其定义也是不同的。

那么到底什么是云计算，有多种说法，至少可以找到 100 种解释。现阶段广为接受的是美国国家标准与技术研究院（NIST）的定义：云计算是一种按使用量付费的模式，这种模式提供可用的、便捷的、按需的网络访问，进入可配置的计算资源共享池（资源包括网络、服务器、存储、应用软件、服务），这些资源能够被快速提供，只需投入很少的管理工作，或与服务供应商进行很少的交互。通俗地讲，云计算要解决信息资源（包括计算机、存储、网络通信、软件等）的提供和使用模式，即由用户投资购买设备和管理促进业务增长的"自给自足"模式，向用户只需付少量租金就能更好地服务于自身建设的以"租用"为主的模式。

1. 云计算概念的形成

云计算概念的形成经历了互联网、万维网和云计算三个阶段，如图 5-7 所示。

图 5-7　云计算概念的发展历程

- 互联网阶段

个人计算机时代的初期，计算机不断增加，用户期望计算机之间能够相互通信，实现互联互通，由此，实现计算机互联互通的互联网的概念出现。技术人员按照互联网的概念设计出目前的计算机网络系统，允许不同硬件平台、不同软件平台的计算机上运行的程序能够相互之间交换数据。这个时期，PC 是一台"麻雀虽小，五脏俱全"的小计算机，每个用户的主要任务在 PC 上运行，仅在需要访问共享磁盘文件时才通过网络访问文件服务器，体现了网络中各计算机之间的协同工作。思科等企业专注于提供互联网核心技术和设备，成为 IT 行业的巨头。

- 万维网阶段

计算机实现互联互通以后，计算机网络上存储的信息和文档越来越多。用户在使用计算机的时候，发现信息和文档的交换较为困难，无法用便利和统一的方式来发布、交换和获取其他计算机上的数据、信息和文档。因此，实现计算机信息无缝交换的万维网概念出现。目前全世界的计算机用户都可以依赖万维网的技术非常方便地进行网页浏览、文件交换等，同时，Netscape（网景）、Yahoo!（雅虎）、谷歌等企业依赖万维网的技术创造了巨量的财富。

● 云计算阶段

万维网形成后，万维网上的信息越来越多，形成了一个信息爆炸的信息时代。根据监测统计，2017 年全球的数据总量为 21.6 ZB（1 ZB ＝ 1 021 B，十万亿亿字节），目前全球的数据以每年 40% 左右的速度增长，预计到 2020 年，全球的数据总量将达到 44 ZB，我国数据量将达到 8 060 EB（1 EB ＝ 1 018 B），占全球数据总量的 18%。截至 2017 年年底，中国网页数量达到 2 604 亿个。如此规模的数据，使得用户在获取有用信息的时候存在极大的障碍，如同大海捞针。同时，互联网上所连接的大量的计算机设备提供了超大规模的 IT 能力（包括计算、存储、带宽、数据处理、软件服务等），用户也难以便利地获得这些 IT 能力，导致 IT 资源的浪费。

2. 不同角度看云计算

云计算的概念可以从用户、技术提供商和技术开发人员三个不同角度来解读。

● 用户看云计算

从用户的角度考虑，主要根据用户的体验和效果来描述，云计算可以总结为：云计算系统是一个信息基础设施，包含有硬件设备、软件平台、系统管理的数据以及相应的信息服务。用户使用该系统的时候，可以实现"按需索取、按量计费、无限扩展和网络访问"的效果。

简单地说，用户可以根据自己的需求，通过网络去获得自己需要的计算机资源和软件服务。这些计算机资源和软件服务是直接供用户使用而无须用户做进一步的定制化开发、管理和维护等工作。同时，这些计算机资源和软件服务的规模可以根据用户业务变化和需求的变化，随时调整到足够大的规模。用户使用这些计算机资源和软件服务，只需要按照使用量来支付费用。

从云计算服务的用户角度看，云计算可以用图 5－8 表示。

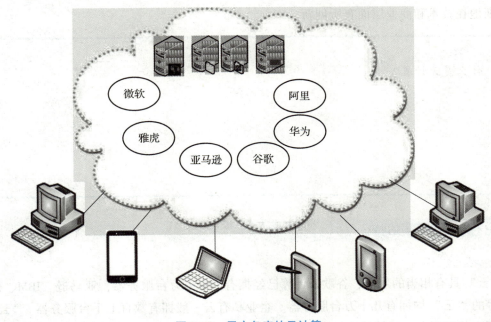

图 5－8　用户角度的云计算

● 技术提供商看云计算

技术提供商对云计算理解为：通过调度和优化技术，管理和协同大量的计算资源；针对用户的需求，通过互联网发布和提供用户所需的计算机资源与软件服务；基于租用模式的按量计费方法进行收费。

技术提供商强调云计算系统需要组织和协同大量的计算资源来提供强大的 IT 能力和丰富的软件服务，利用调度和优化技术来提高资源的利用效率。云计算系统提供的 IT 能力和软件服务针对用户的直接需求，并且这些 IT 能力和软件服务都在互联网上进行发布，允许用户直接利用互联网来使用这些 IT 能力和服务。用户对资源的使用，按照其使用量来进行计费，实现云计算系统运营的盈利。

● 技术开发人员看云计算

技术开发人员作为云计算系统的设计和开发人员，认为云计算是一个大型集中的信息系统，该系统通过虚拟化技术和面向服务的系统设计等手段来完成资源和能力的封装以及交互，并通过互联网来发布这些封装好的资源和能力。

3. 云计算概念总结

云计算并非一个代表一系列技术的符号，因此不能要求云计算系统必须采用某些特定的技术，也不能因为用了某些技术而称一个系统为云计算系统。

云计算应该理解为一种商业和技术的模式。从商业层面，云计算模式代表了按需索取、按量计费、网络交付的商业模式。从技术层面，云计算模式代表了整合多种不同的技术来实现一个可以线性扩展、快速部署、多租户共享的 IT 系统，提供各种 IT 服务。

总而言之，云计算是通过网络向用户提供动态可伸缩的廉价的计算能力。它不是一种产品，也不是一个服务，而是产生和获取计算能力的方式的统称。云计算仍然在高速发展，并且不断地在技术和商业层面有所创新。

☞ 讨 论

什么是云计算？

5.2.2 熟悉云计算的特征

1. 超大规模

"云"具有相当的规模，谷歌云计算已经拥有 100 多万台服务器，亚马逊、IBM、微软、雅虎等的"云"均拥有几十万台服务器。企业私有云一般拥有数百上千台服务器。"云"能赋予用户前所未有的计算能力。

2. 虚拟化

云计算支持用户在任意位置、使用各种终端获取应用服务。所请求的资源来自"云"，而不是固定的有形的实体。应用在"云"中某处运行，但实际上用户无须了解也不用担心应用运行的具体位置。只需要一台笔记本或者一部手机，就可以通过网络服务来实现我们需要的一切，甚至包括超级计算这样的任务。

3. 通用性

云计算不针对特定的应用，在"云"的支撑下，可以构造出千变万化的应用，同一个"云"可以同时支撑不同的应用运行。

4. 高可靠性

"云"使用了数据多副本容错、计算节点同构可互换等措施来保障服务的高可靠性，使用云计算比使用本地计算机更可靠。

5. 高扩展性

云计算供应商可快速、灵活地部署云计算资源，快速地放大或缩小"云"的规模。对于用户，云计算资源通常显得是无限的，并可以在任何时间购买任何数量的资源。

6. 高兼容性

能够兼容不同硬件厂商的产品，兼容低配置机器和外设而获得高性能计算。

7. 按需自助服务

"云"是一个庞大的资源池，消费者可对计算资源，如服务器时间和网络存储，进行单边部署，以自动化地满足需求，并且无须与服务提供商的人工配合。

8. 服务计费（可测量的服务）

"云"可以像自来水、电、煤、气那样计费，用户可按需购买。通过对不同类型的服务进行计费，云计算系统能自动控制和优化资源利用情况。可以监测、控制资源利用情况，并形成报告，为云计算提供商和用户就所使用的服务提供透明性。人们可以监视、控制资源使用并产生报表，报表可以对云计算提供商和用户双方都提供透明。

9. 极其廉价

由于"云"的特殊容错措施可以采用极其廉价的节点来构成云，"云"的自动化集中式管理使大量企业无须负担日益高昂的数据中心管理成本，"云"的通用性使资源的利用率较之传统系统大幅提升，因此用户可以充分享受"云"的低成本优势，现在只要花费几百美元、几天时间就能完成以前需要数万美元、数月时间才能完成的任务。云计算可以彻底改变人们未来的生活，但同时也要重视环境问题，这样才能真正为人类进步做贡献，而不是简单的技术提升。

5.2.3　了解云计算的分类方法

近年来，有关云计算的术语越来越多，如私有云、混合云、行业云、城市云、社区云、电商云、HPC 云、云存储、云安全、云娱乐、数据库云、CloudBridge、CloudBroker和 CloudBurst 等，那么究竟怎样区分云计算呢？不同的分类标准有不同的说法，以下从是否公开发布服务、服务类型、主要服务的产业等方面对云计算进行分类。

1. 按是否公开发布服务分类

按是否公开发布服务，可分为公有云、私有云和混合云。它们之间的关系如图 5 - 9 所示。

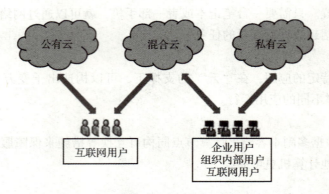

图 5 - 9　公有云、私有云和混合云的关系

➤ 公有云（Public Cloud）一般可通过 Internet 使用，是最基础的服务，成本较低，通常由专业的服务商提供，是隔离在企业防火墙之外的系统。

➤ 私有云（Private Cloud）只服务于企业内部，它被部署在企业防火墙内部，提供的所有应用只对内部员工开放。虽然公有云成本低，但是大企业（如金融、保险行业）为了兼顾行业、客户私隐，不可能将重要数据存放到公共网络上，故倾向于架设私有云。

➤ 混合云则具有前两者的共同特点，既面向内部员工，又面向互联网用户。

需要强调的是，没有绝对的公有云和私有云，立场、角度不同，私有也可能成为公有。未来的发展趋势是，二者会协同发展，你中有我，我中有你，混合云是必由之路。

2. 按服务类型分类

按服务类型分为三类：基础设施即服务、平台即服务和软件即服务，如图 5 - 10 所示。

图 5 - 10　SaaS、PaaS、IaaS 关系

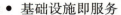

● 基础设施即服务

基础设施即服务（Infrastructure as a Service，IaaS）将硬件设备等基础资源封装成服务供用户使用。在 IaaS 环境中，用户相当于在使用裸机和磁盘，既可以让它运行 Windows，也可以让它运行 Linux。

IaaS 最大优势在于它允许用户动态申请或释放节点，按使用量计费。而 IaaS 是由公众共享的，因而具有更高的资源使用效率，同时这些基础设施烦琐的管理工作将由 IaaS 供应商来处理。

IaaS 主要产品包括：阿里、百度和腾讯云的 ECS，Amazon EC2（Amazon 弹性计算云）等。IaaS 的主要用户是系统管理员。

● 平台即服务

平台即服务（Platform as a Service，PaaS）提供用户应用程序的运行环境，典型的如 Google App Engine。PaaS 自身负责资源的动态扩展和容错管理，用户应用程序不必过多考虑节点间的配合问题。但与此同时，用户的自主权降低，必须使用特定的编程环境并遵照特定的编程模型，只适用于解决某些特定的计算问题。

用户可以非常方便地编写应用程序，而且不论是在部署还是在运行，用户都无须为服务器、操作系统、网络和存储等资源的管理操心，这些烦琐的工作都由 PaaS 供应商负责处理。主要产品包括 Google App Engine、Heroku 和 Windows Azure Platform 等，主要用户是开发人员。

● 软件即服务

软件即服务（Software as a Service，SaaS）针对性更强，是一种通过 Internet 提供软件的模式。用户不用再购买应用软件，改向提供商租用基于 Web 的软件来管理企业经营活动，并且无须对软件进行维护，服务提供商会全权管理和维护软件。对于许多小型企业来说，SaaS 是采用先进技术的最好途径，它消除了企业购买、构建和维护基础设施与应用程序的需要。主要用户是应用软件用户。

注意：随着云计算的深化发展，不同云计算解决方案之间相互渗透融合，同一种产品往往横跨两种以上类型。

3. 按主要服务的产业分类

按主要服务的产业，可分为农业云、工业云、商务云、交通云、金融云、环境云和建筑云等。

☞ 讨 论

我国云计算的产业链主要涉及哪些方面？

用户案例

大麦网

2015 年 4 月，大麦网 APP 在上线，大麦团队与阿里云团队共同合作，通过 API 接口的方式对每一个用户的购买、浏览、收藏等数据进行分析，实时为用户推荐基于他们喜好和地理位置的票务信息。

阿里云在 2016 年 1 月 20 日举行的云栖大会上海峰会上发布"千人千面"个性化推荐产品，大麦网已经提前使用了这款产品，并成功将单日转化率峰值提高了 10% 以上。

阿里云是阿里巴巴集团旗下云计算品牌，也是全球卓越的云计算技术和服务提供商。阿里云致力于为企业、政府等组织机构提供安全、可靠的计算和数据处理能力，让计算成为普惠科技和公共服务，为万物互联的世界提供源源不断的新能源。

5.3.1 什么是农业云？

农业云以云计算商业模式应用与技术为支撑，统一描述、部署异构分散的大规模农业信息服务，满足千万级农业用户对计算、存储的可靠性、扩展性要求，实现按需部署或定制所需的农业信息服务，资源最优化和效益最大化，多途径、广覆盖、低成本、个性化的农业知识普惠服务，为用户带来一站式的智慧农业全新体验。

农业云平台是将国际领先的物联网、移动互联网、云计算等信息技术与传统农业生产相结合，搭建的农业智能化、标准化生产服务平台，旨在帮助用户构建起一个"从生产到销售，从农田到餐桌"的农业智能化信息服务体系，为用户带来一站式的智慧农业全新体验。农业云平台可广泛应用于国内外大中型农业企业、科研机构、各级现代化农业示范园区与农业科技园区，助力农业生产标准化、规模化、现代化发展进程。如图 5-11 所示。

实现的主要功能如下：

- 远程智能监控

农业云平台通过在生产现场部署传感器、控制器、摄像头等多种物联网设备，借助个人计算机、智能手机就能实现对农业生产现场气候变化、土壤状况、作物生长、水肥使用、设备运行等实时监测展示，对异常情况的自动报警提醒，生产者可及时采取防控措施，降低生产风险；同时，在云平台上，生产者可远程自动控制生产现场的灌溉、通风、降温、增温等设施设备，实现精准作业，减少人工成本的投入。

- 标准生产管理

云平台可根据农业生产需求，建立标准化生产管理流程，流程一经启动，平台将自动进

图 5 – 11　杨凌农业云

行任务创建、分配与跟踪。工作人员可在手机上收到平台发布的任务指令，并按任务要求进行农事操作与工作汇报。同时，管理者也能在平台中对工作人员进行任务派发与工作效率监督，随时随地了解园区生产情况。

- 产品安全溯源

产品安全溯源示意图如图 5 – 12 所示。云平台可以帮助用户进行农产品品牌管理，并为每一份农产品建立丰富的溯源档案。通过云平台，生产者可进行生产投入物品，以及农产品检测、认证、加工、配送等信息的记录管理，相关信息可自动添加到农产品溯源档案；同时，通过部署在生产现场的智能传感器、摄像机等物联网设备，平台可自动采集农产品生长环境数据、生长期图片信息、实时视频等，丰富农产品档案。平台利用一物一码技术，将独立的防伪溯源信息生成独一无二的二维码、条码及 14 位码，用户使用手机扫描二维码、条码，或登录慧云农产品溯源平台后输入 14 位码，即可快速通过图片、文字、实时视频等方式，查看农产品从田间生产、加工检测到包装物流的全程溯源信息。使用一物一码技术，一次扫码后即失效，可实现有效防伪。

- 市场网络营销

市场网络营销示意图如图 5 – 13 所示。互联网时代，充分利用企业官网、电子商务平台、微信公众号等网络平台进行全网营销势在必行。智慧农业云平台的快速建站功能，可以帮助用户通过简单的操作轻松建设官方网站，后期只需根据企业的营销需求，随时进行内容的编辑即可实现管理维护，所搭建的网站可实现计算机、手机多终端适配，让更多的客户快速通过网站了解企业。智慧农业云平台的农产品电子商务功能，可以帮助用户搭建自己的电子商务平台，用户只需要通过简单的操作，即可进行产品的发布与销售。同时，云平台实现与微信公众号深度集成，消费者通过微信公众号即可进入农产品电子商务商城，并且可以随时查看农产品种植基地的环境数据、实时视频等，有助于增强消费者对农产品的体验以及对企业的信任，促进农产品的销售。

图 5 - 12　产品安全溯源

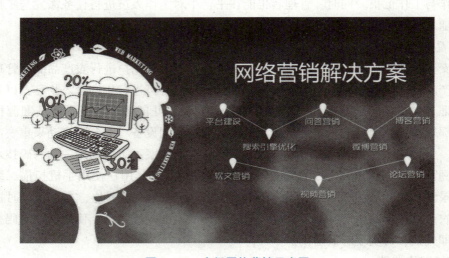

图 5 - 13　市场网络营销示意图

● 农业指导咨询

农业指导咨询示意图如图 5 - 14 所示。农业云平台汇聚了大量的农业专家资源，并搭建了涵盖蔬菜、瓜果等主要作物的农学知识库。用户可在云平台上通过图片、文字、语音等方式向专家进行远程技术咨询，以获取专家的远程指导；用户还可以在平台上进行自助咨询，快速获取由系统智能应答的农技指导；同时，在云平台上，用户可以添加专家或其他生产者为好友，或者在云平台交流中心进行交流，以获得更多农技指导信息。

农业云的发展应用对于促进我国农业信息化，加快新农村建设，提升农民生产力有着积极的作用，是实现乡村振兴战略的重要内容。

图 5 - 14 农业指导咨询示意图

5.3.2 什么是政务云？

1. 政务云实例（图 5 - 15）

浙江省交通运输厅	北京旅游网	浙江政务服务网	云上贵州
浙江省交通运输厅	北京旅游委官方网站	浙江省级政务网网站	贵州7+N朵云

图 5 - 15 政务云

2. 官方推荐解决方案（图 5 - 16）
3. 典型应用场景（图 5 - 17）

5.3.3 什么是工业云？

工业云为中小企业提供购买或租赁信息化产品服务，整合 CAD、CAE、CAM、CAPP、PDM、PLM 一体化产品设计以及产品生产流程管理，并利用高性能计算技术、虚拟现实以及仿真应用技术，提供多层次的云应用信息化产品服务。

工业云帮助中小企业解决研发创新以及产品生产中遇到的信息化成本高、研发效率低下、产品设计周期较长等多方面问题；缩小中小企业信息化的"数字鸿沟"，为中小企业信息化提供咨询服务、共性技术、支撑保障、技术交流和高效服务，对加速中小企业转型升级具有重要的现实意义。

据美国环球通视数据显示，2010 年，我国制造业产出占世界比重的 19.8%，已经超过美国成为全球制造业大国。我国制造业在快速发展中，仍然存在不少问题。从著名的"产

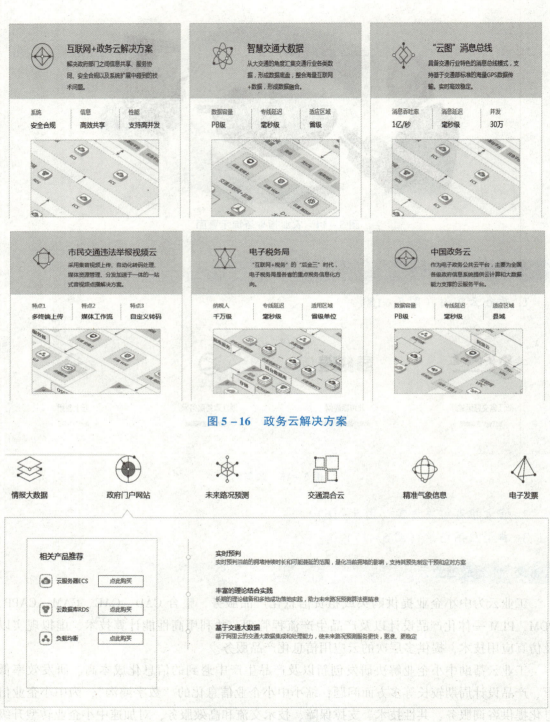

图 5 – 16　政务云解决方案

图 5 – 17　政务云应用场景

业微笑曲线"理论上看，我国绝大多数制造型企业仍处于产业供应链中的"代工"位置，缺乏创新能力，产品缺少技术含量、附加值低。

　　企业的发展要靠技术创新，特别是数字化制造技术的普及，对传统企业的生产方式造成了巨大的冲击。对我国中小企业而言，数字化制造技术的应用上仍存在壁垒：主流的工业软件 90% 以上依靠引进，并且价格高昂；工业软件的运行也需要部署大量高性能计算设备；另外，企业搭建标准系统环境，需要配备专业技术人员，投入高昂的运维成本。数字化制造技术只有大型或超大型企业才能够用得起，占我国 90% 以上的广大中小型企业则与其无缘。

　　"工业云服务平台"正是要帮助中小企业解决上述问题，利用云计算技术，为中小企业提供高端工业软件。企业按照实际使用资源付费，极大程度地降低了技术创新的成本，加快了产品上市时间，提高了生产效率。

　　典型案例如图 5 – 18 ~ 图 5 – 20 所示。

图 5 – 18　西安工业云

图 5 – 19　贵州工业云

图 5-20　大方工业云

小结

　　云计算通过网络向用户提供动态可伸缩的廉价的计算能力。它不是一种产品，也不是一种技术，而是对产生和获取计算能力方式的统称。通俗地讲，云计算旨在通过网络把多个成本相对较低的计算实体整合成一个具有强大计算能力的完美系统，并借助先进的商业模式把强大的计算能力发布到终端用户手中。它的一个核心理念就是通过不断提高"云"的处理能力，进而减少用户终端的处理负担，最终使用户端简化成一个单纯的输入/输出设备，并能按需享受"云"的强大计算处理能力。

思考与练习

1. 结合自己的理解谈谈什么是云计算。
2. 云计算对中小企业有何意义？如果你是企业的信息主管，对信息化有何期待？
3. 云计算有何特征？如何理解这些特征？
4. 云计算的发展过程中，互联网有何作用？
5. 结合对自己云计算的理解，讨论百度云、阿里云的具体应用案例。

第6章

人工智能

学习目标

1. 知识目标

（1）知道什么是人工智能。

（2）了解人工智能的发展简史。

（3）了解机器视觉、指纹识别、人脸识别技术、指纹识别技术、专家系统、视网膜识别、虹膜识别、智能控制的原理其应用领域。

2. 能力目标

（1）对人工智能从整体上有一个较清晰、全面、系统的了解。

（2）使学生掌握人工智能的基本概念、基本原理。

（3）开阔学生知识视野，提高解决问题的能力，为将来使用人工智能的相关方法和理论解决实际问题奠定初步基础。

3. 素质目标

（1）培养学生应用自然辩证法理论，消除人工智能威胁论。

（2）具有应对计算机科学与技术快速变迁的能力，培养自我持续学习的习惯及能力。

> ☞ 引　言
>
> 　　实现中华民族伟大复兴的中国梦，就是要实现国家富强、民族振兴、人民幸福。
>
> ——习近平

导入案例：无人驾驶清扫车

　　科技照进生活，科幻电影中曾经出现过的智能生活如今正在一步步走出荧幕，变成现实。人工智能以多种形式"飞入寻常百姓家"：从让购物更加方便快捷的无人超市到让出行愈发容易的自动驾驶汽车，从认真执行指令的智能语音助手到帮你分担家务的智能家居机器人，从办公写字楼内的"刷脸"打卡到减少排队的智能政务系统，从无人驾驶清扫车（图6-1）到张学友演唱会上的逃犯抓捕……如今，从实验室中诞生的AI技术与理论就像阿拉丁神灯中那位法力无边的精灵一样，"变身"成人们生活中熟悉的模样，神奇地出现在人们的身边，无时无刻不在影响着人们的生活。

图 6-1 无人驾驶清扫车

6.1 什么是人工智能

人工智能（Artificial Intelligence，AI）也称智械、机器智能，指由人制造出来的机器所表现出来的智能。通常人工智能是指通过普通计算机程序来呈现人类智能的技术。人工智能于一般教材中的定义领域是"智能主体（intelligent agent）的研究与设计"，智能主体指一个可以观察周围环境并做出行动以达到目标的系统。约翰·麦卡锡于 1955 年的定义是"制造智能机器的科学与工程"。安德里亚斯·卡普兰（Andreas Kaplan）和迈克尔·海恩莱因（Michael Haenlein）将人工智能定义为"系统正确解释外部数据，从这些数据中学习，并利用这些知识通过灵活适应实现特定目标和任务的能力"。人工智能的研究是高度技术性和专业的，各分支领域都是深入且各不相通的，因而涉及范围极广。

6.1.1 人工智能的定义

著名的美国斯坦福大学人工智能研究中心尼尔逊教授对人工智能下了这样一个定义："人工智能是关于知识的学科——怎样表示知识以及怎样获得知识并使用知识的科学。"而美国麻省理工学院的温斯顿教授则认为："人工智能就是研究如何使计算机去做过去只有人才能做的智能工作。"这些说法反映了人工智能学科的基本思想和基本内容。即人工智能是研究人类智能活动的规律，构造具有一定智能的人工系统，研究如何让计算机去完成以往需要人的智力才能胜任的工作，也就是研究如何应用计算机的软硬件来模拟人类某些智能行为的基本理论、方法和技术。

6.1.2 人工智能的发展简史

计算机出现后，人类开始真正有了一个可以模拟人类思维的工具，在以后的岁月中，无数科学家为这个目标努力着。如今人工智能已经不再是几个科学家的专利了，全世界几乎所有大学的计算机系都有人在研究这门学科，学习计算机的大学生也必须学习这样一门课程，在大家不懈的努力下，如今计算机似乎已经变得十分聪明了。

1952 年夏，麦卡锡和明斯基加入了贝尔实验室，成为被誉为"信息论之父"的数学家兼电气工程师克劳德·香农的研究助理。在这里，麦卡锡接触了对生物生长模拟的程序——"自动机"，并对此产生了浓厚的兴趣，只不过"自动机"这个词却让麦卡锡有些无奈，因为这听起来似乎远离了智慧的范畴。

1956 年夏季，以麦卡锡、明斯基、罗切斯特和香农等为首的一批有远见卓识的年轻科学家在一起聚会，在美国达特茅斯学院（图 6-2）开会研讨"如何用机器模拟人的智能"时，首次提出"人工智能"的概念，这标志着人工智能学科的诞生。

图 6-2　达特茅斯学院

1997 年 5 月，IBM 公司研制的深蓝（DEEP BLUE）计算机战胜了国际象棋大师卡斯帕洛夫（KASPAROV）（图 6-3）。大家或许不会注意到，在一些地方，计算机帮助人进行其他原来只属于人类的工作，计算机以它的高速和准确性为人类发挥着作用。

图 6-3　计算机"深蓝"击败世界棋王

2013 年，帝金数据普数中心数据研究员 S. C. Wang 开发了一种新的数据分析方法，该方法提出了研究函数性质的新思路。作者发现，新数据分析方法给计算机学会"创造"提供了一种方法。本质上，这种方法为人的"创造力"的模式化提供了一种相当有效的途径。这种途径是数学赋予的，是普通人无法拥有但计算机可以拥有的"能力"。从此，计算机不仅精于算，还会因精于算而精于创造。计算机学家们应该毫不犹豫地剥夺"精于创造"的计算机过于全面的操作能力，否则计算机真的有一天会"反捕"人类。

拓展知识

阿尔法狗革了围棋的命

2016 年 3 月 14 日，人机世纪对战第四盘比赛中，之前连赢三局并且拿下赛点的谷歌阿尔法狗出现失误，遭受首场失利。值得欣慰的是，正是这场失利让阿尔法狗有了正式的国际排名。这场比赛后，阿尔法狗排名世界第四，仅次于中国柯洁、韩国朴廷桓以及日本井山裕太。

李世石与谷歌阿尔法狗五番棋大战成为全球新闻热点，据称有 1 亿人次观看比赛直播，围棋在全球范围内还从未这样受追捧。但阿尔法狗在前三局的表现几乎摧毁了数千年来人们对围棋的既有认识。

在阿尔法狗出现之前，围棋界和人工智能界乐观预测，电脑围棋要打败人类，起码还要 50 年，没想到这一天来得如此之快。

☞ 思　考

应用自然辩证法理论分析，人工智能会取代人类吗？

6.2　人工智能应用领域

6.2.1　机器视觉

机器视觉是人工智能正在快速发展的一个分支。简单来说，机器视觉就是用机器代替人眼来做测量和判断。机器视觉系统是通过机器视觉产品（即图像摄取装置，分为 CMOS 和 CCD 两种）将被摄取目标转换成图像信号，传送给专用的图像处理系统，得到被摄目标的形态信息，根据像素分布和亮度、颜色等信息，转变成数字化信号；图像系统对这些信号进行各种运算来抽取目标的特征，进而根据判别的结果来控制现场的设备动作。一个典型的机器视觉应用系统包括图像捕捉、光源系统、图像数字化模块、数字图像处理模块、智能判断决策模块和机械控制执行模块。

1. 汽车车身检测系统

英国 ROVER 汽车公司 800 系列汽车车身轮廓尺寸精度的 100% 在线检测，是机器视觉系统用于工业检测的一个较为典型的例子。该系统由 62 个测量单元组成，每个测量单元包括一台激光器和一个 CCD 摄像机，用于检测车身外壳上 288 个测量点。汽车车身置于测量框架下，通过软件校准车身的精确位置。随着我国汽车工业的发展，汽车检测系统得到了广泛的应用。图 6-4 所示为我国某汽车车身检测系统。

图 6-4　英国 ROVER 汽车公司 800 系列汽车车身轮廓检测系统

测量单元的校准将会影响检测精度，因而受到特别重视。每个激光器/摄像机单元均在离线状态下经过校准。同时，还有一个在离线状态下用三坐标测量机校准过的校准装置，可对摄像机进行在线校准。

检测系统以每 40 s 检测一个车身的速度，检测三种类型的车身。系统将检测结果与从 CAD 模型中提取出来的合格尺寸相比较，测量精度为 ±0.1 mm。ROVER 的质量检测人员用该系统来判别关键部分的尺寸一致性，如车身整体外型、门、玻璃窗口等。实践证明，该系统是成功的，并将用于 ROVER 公司其他系统列汽车的车身检测。

2. 纸币印刷质量检测系统

该系统利用图像处理技术，通过对纸币生产流水线上的纸币 20 多项特征（号码、盲文、颜色、图案等）进行比较分析，检测纸币的质量，替代传统的人眼辨别的方法。

3. 智能交通管理系统

通过在交通要道放置摄像头，当有违章车辆（如闯红灯）时，摄像头将车辆的牌照拍摄下来，传输给中央管理系统，系统利用图像处理技术对拍摄的图片进行分析，提取出车牌号，存储在数据库中，可以供管理人员进行检索，如图 6-5 所示。

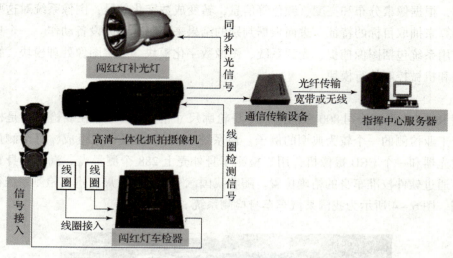

图 6-5　智能交通管理系统

6.2.2　指纹识别

1. 指纹

指纹识别即指通过比较不同指纹的细节特征点来进行鉴别。指纹识别技术涉及图像处理、模式识别、计算机视觉、数学形态学、小波分析等众多学科。由于每个人的指纹不同，就是同一人的十指之间，指纹也有明显区别，因此指纹可用于身份鉴定。由于每次按印的方位不完全一样，着力点不同，会带来不同程度的变形，又存在大量模糊指纹，如何正确提取特征和实现正确匹配，是指纹识别技术的关键。指纹识别在手机、门禁系统、保险柜等方面得到了广泛应用。图 6-6 所示为指纹识别手机。

指纹，英文名称为 fingerprint，两枚指纹经常会具有相同的总体特征，但它们的细节特征却不可能完全相同。指纹纹路并不是连续的、平滑笔直的，而是经常出现中断、分叉或转折。这些断点、分叉点和转折点就称为"特征点"。

特征点提供了指纹唯一性的确认信息，其中最典型的是终结点和分叉点，其他还包括分歧点、孤立点、环点、短纹等。特征点的参数包括方向（节点可以朝着一

图 6-6　指纹识别手机

定的方向）、曲率（描述纹路方向改变的速度）、位置（节点的位置通过 xy 坐标来描述，可以是绝对的，也可以是相对于三角点或特征点的）。

20 世纪 90 年代，用于个人身份鉴定的自动指纹识别系统得到开发和应用。

指纹识别系统是一个典型的模式识别系统，包括指纹图像获取、处理、特征提取和比对等模块。

2. 指纹图像获取

一个典型的指纹识别系统的工作流程如图 6-7 所示。通过专门的指纹采集仪可以采集

指纹图像。指纹采集仪用到的指纹传感器按采集方式，主要分为划擦式和按压式两种；按信号采集原理，目前有光学式、压敏式、电容式、电感式、热敏式和超声波式等。另外，也可以通过扫描仪、数字相机等获取指纹图像。对于分辨率和采集面积等技术指标，公安行业已经形成了国际和国内标准，但其他行业还缺少统一标准。根据采集指纹面积，大体可以分为滚动捺印指纹和平面捺印指纹，公安行业普遍采用滚动捺印指纹。

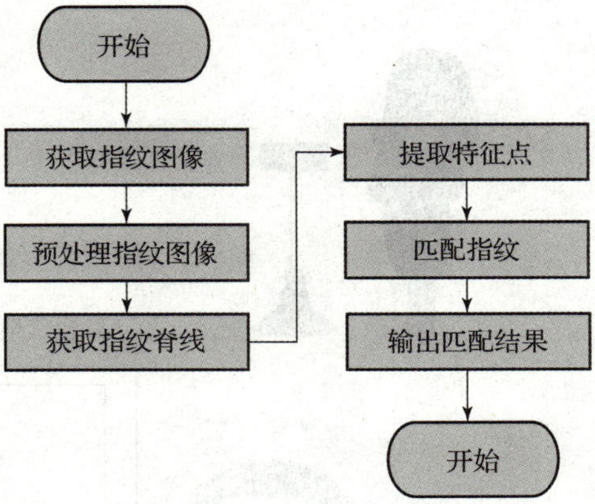

3. 指纹识别技术应用领域

指纹识别技术是目前最成熟且价格低廉的生物特征识别技术。目前来说，指纹识别技术的应用最为广泛，不仅在门禁、考勤系统中可以看到指纹识别技术的身影，而且市场上有了更多指纹识别的应用，如笔记本电脑、手机、汽车、银行支付都可应用指纹识别的技术。

图 6-7　指纹识别过程

6.2.3　人脸识别

人脸识别的英文名称是 Human Face Recognition。人脸识别产品利用 AVS03A 图像处理器；可以对人脸明暗侦测，自动调整动态曝光补偿，人脸追踪侦测，自动调整影像放大。

广义的人脸识别实际包括构建人脸识别系统的一系列相关技术，包括人脸图像采集、人脸定位、人脸识别预处理、身份确认以及身份查找等；而狭义的人脸识别特指通过人脸进行身份确认或者身份查找的技术或系统。

人脸识别技术包含三个部分：

1. 人脸检测

面貌检测是指在动态的场景与复杂的背景中判断是否存在面像，并分离出这种面像（图 6-8）。一般有下列几种方法：

- 参考模板法

首先设计一个或数个标准人脸的模板，然后计算测试采集的样品与标准模板之间的匹配程度，并通过阈值来判断是否存在人脸。

- 人脸规则法

由于人脸具有一定的结构分布特征，所谓人脸规则的方法，即提取这些特征生成相应的规则，以判断测试样品是否包含人脸。

- 样品学习法

这种方法即采用模式识别中人工神经网络的方法，即通过对面像样品集和非面像样品集的学习产生分类器。

- 肤色模型法

这种方法依据面貌、肤色在色彩空间中分布相对集中的规律来进行检测。

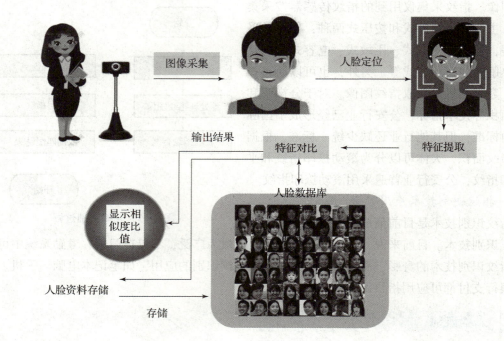

图 6-8　人脸面部识别

- 特征子脸法

这种方法是将所有面像集合视为一个面像子空间，并基于检测样品与其在子空间的投影之间的距离来判断是否存在面像。

值得提出的是，上述 5 种方法在实际检测系统中也可综合采用。

2. 人脸跟踪

人脸跟踪是指对被检测到的面貌进行动态目标跟踪。具体采用基于模型的方法或基于运动与模型相结合的方法。此外，利用肤色模型跟踪也不失为一种简单而有效的手段。

3. 人脸比对

面貌比对是对被检测到的面貌进行身份确认或在面像库中进行目标搜索。这实际上就是将采样到的面像与库存的面像依次进行比对，并找出最佳的匹配对象。所以，面像的描述决定了面像识别的具体方法与性能。目前主要采用特征向量与面纹模板两种描述方法：

- 特征向量法

该方法是先确定眼虹膜、鼻翼、嘴角等面像五官轮廓的大小、位置、距离等属性，然后再计算出它们的几何特征量，而这些特征量形成描述该面像的特征向量。

- 面纹模板法

该方法是在库中存储若干标准面像模板或面像器官模板，在进行比对时，将采样面像所有像素与库中所有模板采用归一化相关量度量进行匹配。此外，还有采用模式识别的自相关网络或特征与模板相结合的方法。

人脸识别技术的核心实际为"局部人体特征分析"和"图形/神经识别算法"。这种算法是利用人体面部各器官及特征部位的方法。

人脸识别系统可用于企业、住宅安全管理。如人脸识别门禁、考勤系统、人脸识别防盗门等。可在机场、体育场、超级市场等公共场所对人群进行监视，例如在机场安装监视系统，以防恐怖分子登机。如银行的自动提款机，如果用户卡片和密码被盗，就会被他人冒取现金，应用人脸识别就会避免这种情况的发生。利用人脸识别辅助信用卡网络支付，以防非信用卡的拥有者使用信用卡等。

4. 身份辨识

例如电子护照及身份证。这或许是未来规模最大的应用。国际民航组织已确定，从2010 年 4 月 1 日起，其 118 个成员国家和地区必须使用机读护照，人脸识别技术是首推识别模式，该规定已经成为国际标准。美国已经要求和它有出入免签证协议的国家在 2006 年 10 月 26 日之前必须使用结合了人脸指纹等生物特征的电子护照系统，到 2006 年年底已经有 50 多个国家实现了这样的系统。美国运输安全署（Transportation Security Administration）计划在全美推广一项基于生物特征的国内通用旅行证件。欧洲很多国家也在计划或者正在实施类似的计划，用包含生物特征的证件对旅客进行识别和管理活动。

5. 支付系统

2013 年 7 月。芬兰一家企业推出全球首个"刷脸"支付系统。结账时，消费者只需在收银台面对 POS 机屏幕上的摄像头，系统自动拍照，扫描消费者面部，等到身份信息显示出后，在触摸显示屏上单击"确认"按钮即可完成交易，无须信用卡、钱包或手机。整个交易过程不超 5 s。无处不在的刷脸支付系统解决了人们日常生活中的各种支付活动，便利又快捷。如图 6 - 9 所示。

图 6 - 9　刷脸支付

株式会社日立制作所在中国的子公司北京日立北工大信息系统有限公司宣布，其研发的日立"智寻"高速人脸检索与识别系统于 2015 年 8 月 17 日正式开始在中国销售。据介绍，智寻每秒能识别人脸 1 亿张，是目前最快的人脸识别系统。

人脸识别技术助力"宝贝回家"

"广州 2017 财富全球论坛"上，腾讯董事会主席兼首席执行官马化腾接受采访时称："腾讯的人脸识别技术能力是非常强的，我们有一个更强大的能力——基于大量数据学习，我们可以预测一个人变老的时候是什么样子，所以我们帮助公安部门寻找丢失儿童的时候，人脸识别技术还可以推算出你丢失 10 年后、5 年后孩子的样貌怎么样，而且非常成功地帮助公安找到这样的儿童。"

马化腾提到的，就是"跨年龄人脸识别"的 AI 技术，由腾讯优图实验室研发。目前，在科技寻人公益项目 QQ 全城助力上，就已经有成功案例。

2017 年 6 月，QQ 全城助力成功在河南平顶山某救助站寻回一位走失三年的安徽阜阳男孩巩乐乐（化名）。QQ 全城助力通过跨年龄人脸识别技术，将巩乐乐在宝贝回家和民政部登记的年龄跨度超过 10 年的照片识别为同一个人，经过和家人核对，证实救助站这名身份未知的男孩正是三年前走丢的巩乐乐。

6.2.4 专家系统

专家系统是一类具有专门知识和经验的计算机智能程序系统，其通过对人类专家的问题求解能力的建模，采用人工智能中的知识表示和知识推理技术来模拟通常由专家才能解决的复杂问题，达到具有与专家同等解决问题能力的水平。这种基于知识的系统设计方法是以知识库和推理机为中心而展开的，即

专家系统 = 知识库 + 推理机

它把知识从系统中与其他部分分离开来。专家系统强调的是知识而不是方法。很多问题没有基于算法的解决方案，或算法方案太复杂，采用专家系统则可以利用人类专家拥有的丰富知识，因此专家系统也称为基于知识的系统（Knowledge – Based Systems）。一般来说，一个专家系统应该具备以下三个要素：

（1）具备某个应用领域的专家级知识。

（2）能模拟专家的思维。

（3）能达到专家级的解题水平。

1965 年斯坦福大学的费根鲍姆（E. A. Feigenbaum）和化学家勒德贝格（J. Lederberg）合作研制 DENDRAL 系统，使得人工智能的研究以推理算法为主转变为以知识为主。20 世纪 70 年代，专家系统的观点逐渐被人们接受，许多专家系统相继研发成功，其中较具代表性的有医药专家系统 MYCIN、探矿专家系统 PROSPECTOR 等。20 世纪 80 年代，专家系统的开发趋于商品化，创造了巨大的经济效益。

早在 1977 年，中国科学院自动化研究所就基于关幼波先生的经验，研制成功了我国第一个"中医肝病诊治专家系统"。1985 年 10 月，中科院合肥智能所熊范纶建成"砂姜黑土小麦施肥专家咨询系统"，这是我国第一个农业专家系统。经过 20 多年的努力，一个以农业

专家系统为重要手段的智能化农业信息技术在我国取得了引人瞩目的成就，许多农业专家系统遍地开花，将对我国农业持续发展发挥作用。中科院计算所史忠植与东海水产研究所等合作，研制了东海渔场预报专家系统。在专家系统开发工具方面，中科院数学研究所研制了专家系统开发环境"天马"，中科院合肥智能所研制了农业专家系统开发工具"雄风"，中科院计算所研制了面向对象专家系统开发工具"OKPS"。

专家系统的基本结构如图 6–10 所示，其中箭头方向为信息流动的方向。专家系统通常由人机交互界面、知识库、推理机、解释器、综合数据库、知识获取等 6 个部分构成。

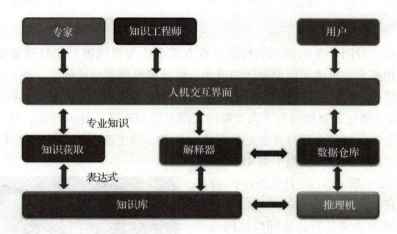

图 6–10　专家系统的基本结构

专家系统技术广泛应用在工程、科学、医药、军事、商业等方面，应用领域概括有：

（1）解释（Interpretation）。如测试肺部测试（如 PUFF）。

（2）预测（Prediction）。如预测可能由黑蛾所造成的玉米损失（如 PLAN）。

（3）诊断（Diagnosis）。如诊断血液中细菌的感染（MYCIN），又如诊断汽车柴油引擎故障原因的 CATS 系统。

（4）故障排除（Fault Isolation）。如电话故障排除系统 ACE。

（5）设计（Design）。如专门设计小型电动机弹簧与碳刷的专家系统 MOTORBRUSHDE-SIGNER。

（6）规划（Planning）。如辅助规划 IBM 计算机主架构的布置、重安装与重安排的专家系统 CSS，以及辅助财物管理的 PlanPower 专家系统。

（7）监督（Monitoring）。如监督 IBMMVS 操作系统的 YES/MVS。

（8）除错（Debugging）。如侦查学生减法算术错误原因的 BUGGY。

（9）修理（Repair）。如修理原油储油槽的专家系统 SECOFOR。

（10）行程安排（Scheduling）。如制造与运输行程安排的专家系统 ISA，又如工作站（workshop）制造步骤安排系统。

（11）教学（Instruction）。如教导使用者学习操作系统的 TVC 专家系统。

（12）控制（Control）。帮助 Digital Corporation 计算机制造及分配的控制系统 PTRANS。

（13）分析（Analysis）。如分析油井储存量的专家系统 DIPMETER 及分析有机分子可能结构的 DENDRAL 系统。它是最早的专家系统，也是最成功者之一。

（14）维护（Maintenance）。如分析电话交换机故障原因之后，能建议人类该如何维修的专家系统 COMPASS。

（15）架构设计（Configuration）。如设计 VAX 计算机架构的专家系统 XCON 以及设计新电梯架构的专家系统 VT 等。

（16）校准（Targeting）。例如校准武器如何工作。

6.2.5　视网膜识别

视网膜也是一种用于生物识别的特征，有人甚至认为视网膜是比虹膜更唯一的生物特征。视网膜识别技术要求激光照射眼球的背面，以获得视网膜特征的唯一性。

虽然视网膜扫描的技术含量较高，但视网膜扫描技术可能是最古老的生物识别技术，在20 世纪 30 年代，通过研究就得出了人类眼球后部血管分布唯一性的理论，进一步的研究表明，即使是孪生子，这种血管分布也是具有唯一性的，除了患有眼疾或者严重的脑外伤外，视网膜的结构形式在人的一生当中都相当稳定。

视网膜是一些位于眼球后部十分细小的神经（1/50 in①），它是人眼感受光线并将信息通过视神经传给大脑的重要器官，它同胶片的功能有些类似，用于生物识别的血管分布在神经视网膜周围，即视网膜四层细胞的最远处。

视网膜图像使用者的眼睛与录入设备的距离应在 0.5 in 之内，并且在录入设备读取图像时，眼睛必须处于静止状态，使用者的眼睛在注视一个旋转的绿灯时，录入设备从视网膜上可以获得 400 个特征点，同指纹录入相比，指纹只能提供 30~40 个特征点用来录入、创建模板和完成确认。图 6 – 11 所示为视网膜识别图像。

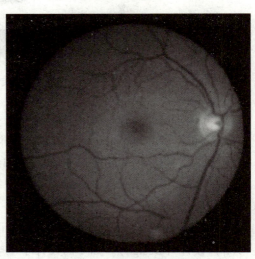

图 6 – 11　视网膜识别图像

6.2.6　虹膜识别

人眼睛的外观图由巩膜、虹膜、瞳孔三部分构成。巩膜即眼球外围的白色部分，约占总面积的 30%；眼睛中心为瞳孔部分，约占 5%；虹膜位于巩膜和瞳孔之间，包含了最丰富的纹理信息，占据 65%。外观上看，由许多腺窝、皱褶、色素斑等构成，是人体中最独特的结构之一。虹膜的形成由遗传基因决定，人体基因表达决定了虹膜的形态、生理、颜色和总的外观。人发育到八个月左右，虹膜就基本上发育到了足够尺寸，进入了相对稳定的时期。

---

① 　1 in = 2.54 cm。

除非极少见的反常状况、身体或精神上大的创伤才可能造成虹膜外观上的改变外，虹膜形貌可以保持数十年没有多少变化。另外，虹膜是外部可见的，但同时又属于内部组织，位于角膜后面。要改变虹膜外观，需要非常精细的外科手术，而且要冒着视力损伤的危险。虹膜的高度独特性、稳定性及不可更改的特点，是虹膜可用作身份鉴别的物质基础。图6-12所示为虹膜识别图像。

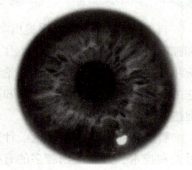

图6-12 虹膜识别图像

随着技术的发展，指纹识别、人脸识别、虹膜识别等方式已经取代了传统的烦琐的账号密码，用来识别用户身份。而虹膜识别技术因其身份识别的精准、安全、高效的特性，在公共安全、城市安全、校园安全、信息安全、金融安全、企业安全等领域得到了广泛的关注。

拓展知识

视网膜识别技术"培养"眼底疾病AI专家

广东医学人工智能的临床转化应用又有新成果。2021年7月31日上午，中山大学中山眼科中心林浩添团队宣布，该团队牵头完成了全球首个眼科多病种人工智能真实世界研究，其中的糖尿病视网膜病变识别模块已获得国家药监局颁发的人工智能软件Ⅲ类医疗器械产品注册证，实现了临床应用。

能够由眼底照片识别14种常见眼底疾病。

据介绍，该研究项目由中山大学中山眼科中心林浩添教授团队牵头，联合医疗人工智能企业鹰瞳Airdoc、广东省医疗器械质量监督检验所等国内外18家医疗、企业和科研机构进行。

项目团队在三年时间内，使用超26万张眼底彩照，训练出一个眼底疾病综合性智能诊断"AI专家"——CARE系统。CARE可以识别14种常见的眼底异常，包括糖尿病视网膜病变、高血压眼底病变、青光眼眼底改变、病理性近视眼底等。CARE诊断的总体准确率为0.952。

其中，糖尿病视网膜病变识别模块已在2020年8月获得了国家药品监督管理局颁发的第一个眼科人工智能软件Ⅲ类医疗器械产品注册证（糖尿病视网膜病变分析软件，国械注准20203210686），为我国人工智能医疗器械的评估和监管提供了可行的参考方案。

CARE由真实世界的26万张眼底照片"训练"出来。

"'真实世界'，是项目的关键词之一"，中山大学中山眼科中心副主任林浩添介绍，用于"训练"CARE的26万张眼底照片，来自我国28个省份的51家医疗机构，包括了8家三级医院、6家社区医院和21家健康服务机构，并具有多种场景和设备来源，这使得CARE有别于一般从实验室数据中"训练"出的人工智能，对真实世界有良好的适应性。

6.2.7　智能控制

自 1971 年傅京孙教授提出"智能控制"概念以来，智能控制已经从二元论（人工智能和控制论）发展到四元论（人工智能、模糊集理论、运筹学和控制论），在取得丰硕研究和应用成果的同时，智能控制理论也得到不断的发展和完善。智能控制是多学科交叉的学科，它的发展得益于人工智能、认知科学、模糊集理论和生物控制论等许多学科的发展，同时也促进了相关学科的发展。

智能控制是以控制理论、计算机科学、人工智能、运筹学等学科为基础，扩展了相关的理论和技术，其中应用较多的有模糊逻辑、神经网络、专家系统、遗传算法等理论和自适应控制、自组织控制、自学习控制等技术。

智能控制在各行各业中得到了广泛的应用。

在"工业 4.0"的大趋势下，智能制造成为时代主旋律和制造业的主攻方向。而制造业中，自动化、智能驱动技术将发挥着越来越重要的作用，这是一场围绕可持续生产力效率提高的创新挑战，从而为传统产业的升级改造和新兴产业的长远发展提供不竭的动力。"工业 4.0"的基本概念，即模块化信息物理系统，该系统可以在配合操作员的同时，实现彼此之间的实时通信，自动做出判断，从而按需调整生产过程。为了设计出理想的新产品，催生出了新的挑战、新的需求，逻辑控制已无法满足需求。图 6-13 所示为三菱智能制造解决方案。

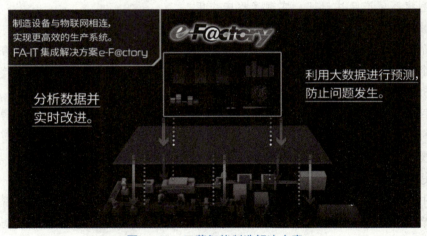

图 6-13　三菱智能制造解决方案

与工业 4.0 相比，工业 5.0 旨在将以人为本的理念重新带回到产品开发和生产过程中。工业 5.0 其实就是将机器人的优势，如高精度和重载搬运能力等赋能给工人，这些能力使得人类能够更轻松地完成繁重或重复性工作，同时实现更好的控制，以及各个生产阶段个性化。

与以自动化为主要特征的工业 4.0 不同的是，工业 5.0 模式的优势在于使定制化更具潜力，使工作更具创造性。当然，这种工作指的是长期性的、高价值的工作。让机器人去做那些单调、危险、脏乱差的工作，人类则是去做富有创造性和感兴趣的工作。这种技术人员被称为"新领"。"新领"工人不一定要拿到四年制学位，但需要掌握新技术和软技能，这将成为制造业的未来。

　　工业4.0重点确保产品质量、生产流程和数据采集相一致，而工业5.0在致力于实现这些目标的同时，更加关注高技能人员与机器人协同工作，从手机到汽车，都可以为客户生产出更加个性化的产品。在工业4.0时代，人类和机器人是独立工作的。他们可能在同一条生产线上工作，但是他们的工作区域有明确的界限。

　　在工业5.0时代，随着人类和机器人开始并肩甚至一起工作，这种界限划分变得更加模糊。这种类型的机器人被称为协作机器人，它们将完成重型吊装等工作，确保一致性，而技术人员需要发挥其匠人的认知技能。在这种生产环境下，协作机器人将改变人与机器之间的关系。

　　协作机器人和工业5.0的核心之一在于对人工的高质量要求，而非当前简单的交互模式。应用协作机器人可以让人类和机器人共同完成一项任务，比如，机器人先对音响外壳做粗略的打磨处理，然后再由人工进行细致抛光和现场质量控制。协作机器人与工业5.0代表了机器人技术和生产模式的新时代。

应用案例

走进工业5.0标准下的智能工厂

　　2020年年初，国内智能制造权威媒体e-works开展了第一批次中国标杆智能工厂的评选活动，e-works公布了首批共42家标杆智能工厂，这些工厂很多已经达到了工业5.0水平，其中森麒麟轮胎上榜。

　　那么什么样的工厂算是标杆智能工厂？具有哪些特质呢？

　　1. 智能装备，设备互联

　　标杆智能工厂大量应用了高档数控机床、工业机器人、增材制造装备、智能检测与装配装备、智能物流与仓储系统装备，广泛开展设备联网，实现设备互联互通。

　　2. 实现柔性自动化

　　标杆智能工厂普遍建设自动生产线、自动检测线，或全自动生产线、全自动检测线。离散制造工厂大多建设柔性化生产线，以满足多品种中小批量的客户需求。

　　3. 广泛应用工业软件

　　标杆智能工厂在完成计划、设计、生产、物流、质量、营销等关键业务的信息化基础上，利用PLM、ERP、APS、MES、WMS、LIMS、SRM等系统的无缝高效集成，实现产品研发、工艺设计、生产、物流全流程的数字化管控。

　　4. 模式创新增强核心竞争力

　　网络协同制造，实现企业间产品研发、生产制造、经营管理等环节信息共享和业务协同。个性化定制，基于横向、纵向集成以及柔性化生产线，实现大规模个性化定制生产。

　　5. 新兴技术赋能工厂建设

　　疫情的"催化"，让制造业企业进一步认识到人工智能、5G、工业互联网等新兴技术对复工复产、提质增效的意义。这些技术也是智能工厂建设不可或缺的要素。

拓展知识　　　　　　　　　　**青岛森麒麟工厂**

青岛森麒麟轮胎是年产600万条高性能轿车子午胎的"工业4.0轮胎自动化智能制造工厂"，采用智能化立体仓储系统，相同建筑面积增加库容50%以上；相同投资规模生产效率提高30%；非计划停机减少60%以上，设备综合利用率提升到95%以上；非生产性能耗减少25%以上；库存成本减少70%以上；产品合格率达到99.8%。

项目的创新点在于轮胎行业首次将MES系统、PLM系统、ERP系统、WMS系统、CRM系统、OA系统六大系统进行有效整合，实现智能化工厂的互联互通与集成设计，并对生产工艺的智能化进行深度融合，形成具有完全自主知识产权的"森麒麟轮胎自动化智能生产集成技术"。

☞ **思　考**

在车间中，机器人操作设备执行各种任务；生产人员则负责监督作业。得益于智能技术的发展，人类和机器能够在工厂车间中并肩作业。那么，新形势下的人才如何才能与时俱进保持自身竞争力呢？

6.2.8　机器翻译

机器翻译，又称为自动翻译，是利用计算机将一种自然语言（源语言）转换为另一种自然语言（目标语言）的过程。它是计算语言学的一个分支，是人工智能的终极目标之一，具有重要的科学研究价值。

同时，机器翻译又具有重要的实用价值。随着经济全球化及互联网的飞速发展，机器翻译技术在促进政治、经济、文化交流等方面起到越来越重要的作用。

2013年以来，随着深度学习的研究取得较大进展，基于人工神经网络的机器翻译（Neural Machine Translation）逐渐兴起。其技术核心是一个拥有海量结点（神经元）的深度神经网络，可以自动地从语料库中学习翻译知识。一种语言的句子被向量化之后，在网络中层层传递，转化为计算机可以"理解"的表示形式，再经过多层复杂的传导运算，生成另一种语言的译文，实现了"理解语言，生成译文"的翻译方式。这种翻译方法最大的优势在于译文流畅，更加符合语法规范，容易理解。相比之前的翻译技术，质量有"跃进式"的提升。

事实上，不论哪种方法，影响机译发展的最大因素都是译文的质量。就已有的成就来看，机译的质量离终极目标仍相差甚远。

中国数学家、语言学家周海中曾在论文《机器翻译五十年》中指出：要提高机译的译文质量，首先要解决的是语言本身问题而不是程序设计问题；单靠若干程序来做机译系统，肯定是无法提高机译的译文质量的。同时，他还指出：在人类尚未明了大脑是如何进行语言的模糊识别和逻辑判断的情况下，机译要想达到"信、达、雅"的程度是不可能的。这一观点恐怕道出了制约译文质量的瓶颈所在。

国内市场上的翻译软件产品可以划分为四大类：全文翻译（专业翻译）、在线翻译、汉化软件和电子词典。

值得一提的是，美国发明家、未来学家雷·科兹威尔在接受《赫芬顿邮报》采访时预言，到 2029 年，机译的质量将达到人工翻译的水平。对于这一论断，学术界还存在很多争议。

不论怎样，目前是人们对机译最为看好的时期，这种关注是建立在一个客观认识和理性思考的基础上的。我们也有理由相信，在计算机专家、语言学家、心理学家、逻辑学家和数学家的共同努力下，机译的"瓶颈"问题将会得到解决。

小结

中国人工智能伦理在社会治理方面的优越性体现为促和谐、保民生、谋发展和广泛的社会共识。习近平强调："加强和创新社会治理，根本目的是维护社会秩序、促进社会和谐、保障人民安居乐业，营造稳定安全的发展环境。"可见，社会治理的社会化、法律化、智能化、专业化，归根结底要围绕"和谐"进行。人、机、社会和谐才能最大限度地发挥人的能动性和智能机器的效用。未来，国际人工智能竞争的核心并不是技术的上限，而是人工智能和社会的发展匹配与和谐。在全球新型冠状肺炎疫情的大考中，中国在疫情防控中的人工智能应用迅速增长。从远程医疗、机器人消毒、测量体温、送餐，再到人脸识别、健康宝等，中国应用人工智能作为行之有效的防控措施，得到了人民的积极响应和理解，达成了广泛的社会共识，充分显示了中国社会治理创新的和谐意蕴。

思考与练习

1. 什么是人工智能？
2. 人工智能的研究价值是什么？
3. 人类将被智能机器人取代吗？
4. 人工智能时代带来的伟大变革有哪些？

第7章

区块链技术

学习目标

1. 知识目标

（1）知道什么是比特币，了解比特币与区块链的关系。

（2）掌握区块链的概念、特性、类型以及技术起源，掌握区块链的去中心化、不可篡改、匿名性、账本公开性等特点的含义。

（3）能够正确解释区块链、P2P网络、数字货币、以太坊、共识机制、智能合约等含义，了解区块链中的共识机制、智能合约等技术原理。

（4）了解区块链的起源与发展，熟悉区块链原理。

（5）了解区块链的国家战略、技术发展、不同行业的应用场景以及能解决的行业问题和未来的发展趋势。

2. 能力目标

（1）能够正确描述各种主流区块链产品和应用场景。

（2）能够使用区块链技术原理，准确分析出各行业中存在的去中心化信任、公开透明、不可篡改、不可伪造以及跟踪溯源等安全问题。

（3）学会用"区块链思维"分析与设计各行业的应用方案。

3. 素质目标

（1）通过介绍我国在政策上对区块链技术的支持，以及技术应用的成功案例，引导学生树立建设诚信社会的目标，培养学生的爱国主义情怀和科技强国的信心。

（2）面对区块链应用的技术风险，树立良好的世界观，培养学生用创新、理性的思维处理问题的能力。

（3）通过学习区块链技术等新型产业技术，培养学生主动探索前沿科学和技术的能力，并注重引导学生正确的价值观、世界观和人生观，使其成为符合新时代需求的高素质人才。

☞ 前　言

　　随着新一轮科技革命和产业变革席卷全球，数字经济正深刻地改变着人类的生产和生活方式，2009年比特币的问世，使它的底层支撑技术——区块链进入大众视野。区块链作为一项颠覆性技术，正推动"信息互联网"向"价值互联网"变迁，引领全球新一轮技术变革和产业变革，成为全球经济增长的新动能，也是技术创新和模式创新的"策源地"之一。在我国，区块链技术已经上升到国家科技战略层面。2016 年 12 月《国务院关于印发"十三五"国家信息化规划的通知》中首次提及区块链，将区块链与量子通信、人工智能、虚拟现实、大数据认知分析、无人驾驶交通工具等技术一起定位为战略性前沿技术，明确提出需加强区块链等新技术的创新、试验和应用。2021 年 3 月，《中华人民共和国国民经济和社会发展第十四个五年规划和 2035 年远景目标纲要》发布，其中提到培育壮大人工智能、大数据、区块链、云计算、网络安全等新兴数字产业，区块链等新兴数字产业成为国家重点培育对象。全球各国政府均对区块链积极扶持，与此同时，国内外科技及金融巨头也纷纷涉足区块链产业，那么区块链究竟和我们有什么关系？具体是怎样的技术？为何有如此巨大的魅力，就让我们进入区块链的世界，一探究竟。

导入案例：蚂蚁金服区块链公益项目

蚂蚁金服在支付宝爱心捐赠平台上线的区块链公益项目（图 7-1），是区块链技术在公益事业中的典型应用。支付宝爱心捐赠平台上，经常有用户捐出几元到几百元不等的善款，之前，公众捐款进入公益项目的账户，项目方执行后，由运营人员把账单、拨付相关图片和情况上传录入。应用区块链技术开发的系统，使善款进入系统后，保证可以查到捐款是从基金人账号到支付宝账号，或者从支付宝账号到基金的账号，全程跟踪。没有人工拨付等环节，每一笔款项的去向很难由人工更改。这样空前提高了透明性。目前，有上百家公益机构，上千个公益项目，捐款资金通过这样的网络慢慢落到受捐人的身上。区块链技术，让钱从哪里来，钱到哪里去，清清楚楚，明明白白，让每一笔款项的生命周期都记录在区块链上，有迹可循，用户可以持续追溯，保证了受捐者和捐助人共同的权益，实现了信用体系建设和价值传递，能解决公益、金融、监管、打假等很多领域的痛点和难点问题。

图 7-1　蚂蚁金服公益项目

7.1　区块链技术的起源与发展

区块链技术起源于化名为"中本聪"（SatoshiNakamoto）的学者在 2008 年发表的奠基性论文《比特币：一种点对点电子现金系统》，迄今为止，区块链技术的发展先后经历了技术起源、区块链 1.0（加密数字货币）、区块链 2.0（企业应用）、区块链 3.0（价值互联网）四个阶段，下面将分别对这几个阶段进行简要的介绍（图 7 - 2）。首先了解一下区块链与比特币的关系。

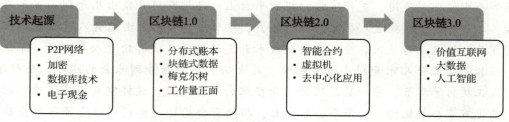

图 7 - 2　区块链技术发展历程

7.1.1　区块链与比特币有什么关系?

2008 年，神秘人物中本聪发明了比特币；2009 年，他发出了一块比特币，从此一发不可收拾；2013 年前，他发起了以太网智能合约，后来成功募捐了 1.62 亿美元，同时也促成了人们由比特币的概念向区块链概念全面认知的转变。比特币是一种具象的数字货币，但底层技术是区块链技术，确切地说，区块链是比特币的支持技术。比特币是区块链的应用表征。大家首先应明确以下几点：第一，区块链和比特币不是一回事。第二，区块链是一个基层的技术，是下一代互联网的技术设施，是一种基础设施或一种基本的协议，比如支付的协议，结算、清算的协议，交易的协议，甚至社交的协议都会在区块链上。第三，区块链的世界目前存在两个方向：一种叫币圈——单指交易所及上交易所的项目方成员及其联盟等，另一种叫链圈——单指只从事区块链技术研发、落地应用的团队及联盟等。币圈以炒币或者发个人货币为主，而链圈的人主要研究它的加密算法、交易算法、隐私保护算法等，通过技术夯实它的基础设施。

那么什么是比特币？它背后有什么神奇的地方，能让如此多的人追捧？下面从一个通俗的故事开始认识它。

比特币的故事

从前，有个古老的村落，里面住着一群村民，这个村子没有银行为大家存钱、记账，也没有值得信赖的村长来维护、记录村民之间的账务往来。于是，大家集思广益，想到了集体一起记账的方法。

比如，A 和 B 两个人，A 要给 B 100 块钱，那么 A 就要在村子里广播："大家注意了，本人 A 给 B 转了 100 块钱。"全村的村民听到后做两件事情：①通过声音判断这是 A 喊出来的，而不是别人冒名顶替的，从而防止别人乱花 A 的钱。②检查 A 的账户是否有足够的钱，因为村子里的每个人都有一个小账本，记录了其他人各有多少钱，当确认 A 的账面上有 100 元后，每个村民都会在自己的小账本上记录："＊＊＊＊年＊月＊日，A 转给 B 100 元。"除此之外，这些村民口口相传，把 A 转给 B 100 元的事情告诉了十里八村，当所有的人都知道转账的事情后，大家就都能共同证明"A 转给 B 100 元"。这样，一个不需要银行或村长（即中心节点）却能让所有村民达成一致的记账系统就诞生了。这个记账系统就可以类比为我们今天所说的比特币系统。

这个故事会引出三个值得思考的问题：

（1）记完的账会不会被篡改？

（2）村民记账的动力从哪里来？

（3）这么多人记账，万一记的不一致怎么办？以谁的为主？

比特币系统巧妙地解决了以上问题。

首先，比特币采用两种策略来保证账本不可篡改：①人人记账。每个人手上都有一本账，即使有人要篡改，也只能改自己的账本，别人的账本他是无权修改的，篡改自己的账本就是"掩耳盗铃"，并不会得到其他人的认可。②采用"区块＋链"的特殊账本结构，如图 7-3 所示。在这种结构中，每一个区块保存着某段时间内发生的交易，这些区块通过链式结构链接在一起，形成了一个记录全部交易的完整账本。如果对区块内容进行修改，就会破坏整个区块链的链式结构，导致链条中断，从而很容易被检测到，这两个策略就保证了从全局来看整个账本不可篡改。

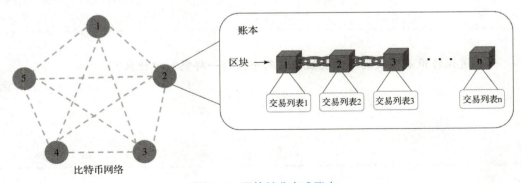

图 7-3　区块链分布式账本

其次，这个系统中需要人人记账，大家会问："为什么我要记别人的账？"这就涉及比特币中的激励机制。参与记账的村民，被称为是"矿工"，这些矿工中，首个记账被认可的人：①会获得若干个比特币的奖励，这也是比特币发行的唯一来源，这种激励措施使众多矿工积极参加记账。②谁在某一块账本（相当于现实账本中的一页）被认可，其他人就会分别复制这一块账本，从而保证所有人维护的账本是完全一致的，这两点保证了区块链的自动安全运行。

最后，既然有了激励，大家就会争抢着记账并努力让自己的记账被认可，怎么确定以谁的为主呢？为了能确定以谁的账为主，村民们想到了一个公平的办法，即对每一块账本，他们从中找到一道难题，让所有参与记账的"矿工"去破解这道难题，谁最先破解了，该块就以他记的账为准。这个破解难题的过程，就被称为"挖矿"，即工作量证明的过程。这里需要说明的是，这个难题的解题过程需要不断地尝试，较为困难，但当找到答案后，别人用这个答案却很容易验证。

所以，比特币通过"区块＋链"的分布式账本，保障了交易的不可篡改，通过发放比特币的激励机制，促使"矿工"人人参与，通过破解难题（矿工挖矿），解决了记账一致性的问题，具体交易过程如图7-4所示。这样就完美地形成了一个不依赖任何中间人即可完成记账的自动运行系统，这其中具有"区块＋链"不可篡改账本，多方参与，结果共识的技术，即区块链技术。

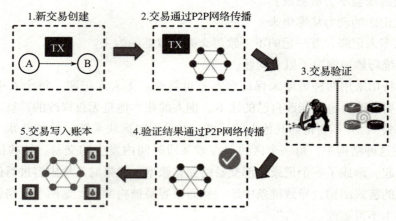

图7-4　比特币的交易过程

☞ 讨　论

　　你知道比特币是什么吗？区块链呢？两个概念一样吗？为什么？

重要提示

　　比特币投资，目前在我国没有明确的法律依据证明其合法，也没有法律禁止比特币的发展，但是比特币投资在高收益的表象下也存在着非常大的法律风险。比特币仅仅是一种技术和方法，不存在是否是骗局的说法，但不同的比特币投资，根据其形式不同，有可能是骗局，更有可能涉及违法犯罪。同时，由于比特币是网络虚拟货币，就有着被网络病毒侵入的风险，也不乏有的违法者建立虚假的比特币交易网站骗取比特币的现象。

　　根据《中国人民银行、工业和信息化部、中国银行业监督管理委员会、中国证券监督管理委员会、中国保险监督管理委员会关于防范比特币风险的通知》的规定，比特币不具有与货币等同的法律地位，不能且不应作为货币在市场上流通使用。各金融机构和支付机构不得开展与比特币相关的业务。

　　我国法律没有说比特币是否合法，但禁止其作为货币在市场上的流通使用。

7.1.2　区块链的技术起源

1. 对等网络（P2P 网络）

　　P2P 网络技术是构成区块链技术架构的核心技术之一，学术界将其翻译为对等网络。常被称为"点对点"或"端对端"网络，是构建在互联网上的一种连接网络。图 7-5 所示就是 P2P 网络模式和典型中心化网络模式。

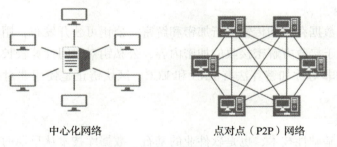

中心化网络　　　　　　　　　点对点（P2P）网络

图 7-5　中心化网络和点对点网络对比

　　在对等网络里，没有特殊的点，所有节点在功能上都是相同的，都可以对外提供全网所需的全部服务，每一个节点在对外提供服务的时候，也在使用别的节点为自己提供服务，正是因为这样，对等网络不依赖任何特殊的第三方来完成自身系统的运转，也没有所谓的中心枢纽，因此保证了数据的自由、平等、透明、高效流通。在比特币出现之前，P2P 网络计算机技术已经被广泛用于开发各种应用，如即时通信软件、文件共享和下载软件、网络视频播放软件、计算机资源共享软件等。区块链技术下的开放平台交易，使整个交易的过程中，P2P 网络上所有的参与者都保存有一份完全相同的账本，一旦对账本上的某个数据进行修改，所有的副本数据很快就会同步修改完毕。并且这种分布式的账本中的每一笔交易都有一个独一无二的时间戳，很好地避免了重复支付的产生。

拓展知识

中心化网络案例

生活中的淘宝购物支付货款，以及微信转账就是典型的中心化网络的应用案例。我们在淘宝上买完东西支付的时候，先要将货款打给支付宝，收到货物确认收货之后，支付宝再把货款打给商家；如果要通过微信转账转给别人100块钱，不论是通过绑定的银行卡还是通过微信钱包转账，都会把钱转入对方的微信账户，对方要想把这100块钱取出来，则需要通过微信账户把钱再转入自己的银行账户。通过以上这两个例子我们会发现，在淘宝购物支付货款和微信转账的过程中，始终有个第三方存在，就是支付宝背后的阿里和微信背后的腾讯。在整个交易和资金流动的过程中，用户都是先把钱打给了他们，钱在阿里和微信手里过了一道手，再由他们转给相应的收款人。这一过程中，实际有一个前提，就是我们默认阿里或者腾讯的信用没问题，它们不会在资金账户上做手脚，而且相信在后续的购买和转账流程中，阿里或者腾讯一定会帮用户完成支付和转账。两个例子中的第三方和中心节点都是中心化的网络模式，这种模式存在两大潜在弊端：一是安全性，如果中央服务器被黑客入侵或者被病毒感染，就能够很快地将病毒辐射到所有的终端用户，从安全上来说，这是件非常可怕的事，如果用户基数非常大，有可能会危及社会稳定；二是中央服务器对用户数据的控制性太强，如果一家企业商业道德底线过低，可能会肆意分析、售卖用户的数据，引起轩然大波的 Facebook 泄露用户隐私的事件就是典型的例子。

---

2. 非加密对称算法

指使用公钥对数据存储和传输进行加密和解密。公钥可公开发布，用于发送方加密要发送的信息，私钥用于接收方解密接收的加密内容，公私钥对时间计算较长，主要用于加密较少的数据。常用的非对称加密算法有 RAS 和 ECC。区块链正是使用非对称加密措施来构建节点间信任的。

3. 数据库技术

数据库技术是基础性技术，也是软件业的基石。数据库技术从早期的网状结构、层状结构发展到基于严密关系代数基础的关系型。关系型数据库用简单的二维表存储客观世界的对象及其联系。目前 SQL 语言被广泛用于构建各种系统和应用软件，互联网产生的海量数据催生了以键值对（Key 和 Value 一一对应）为基础的分布式数据库系统，目前，世界上主要的互联网公司根据各自需要来研发和构建 NoSQL 数据库管理系统。在区块链系统建设方面，传统的关系型数据库和分布式键值数据均适用。

4. 数字货币

数字货币（Digitalmoney）又被称为电子现金（Ecash）或电子货币（Emoney），是对现实货币的模拟，涉及用户、商家和处于中心化地位的银行或第三方支付机构。数字货币是电子商务和网上转账的基础。现实中的数字货币也指一类免密支付的卡，如公交卡。第一个数字货币方案于 1982 年被 Chaum 创造性地提出，致力于解决重复花费问题，使用了盲签名技术，可以完全保护用户隐私。完全匿名的数字货币不能满足政府和金融机构的监管要求，于是匿名可控的概念被学者们提出。匿名可控即在适当条件下可以撤销匿名性且用户无法察觉，也可以在审计时用户主动撤销匿名性。

7.1.3　区块链 1.0——加密数字货币

2009 年年初，比特币网络正式上线运行。作为一种虚拟货币系统，比特币的总量是由网络共识协议限定的，没有任何个人机构能够随意修改其中的供应量及交易记录。在比特币网络成功运行多年后，部分金融机构开始意识到，支撑比特币运行的底层技术区块链实际上是一种极其巧妙的分布式共享账本及点对点价值传输技术，对金融乃至各行各业带来的潜在影响甚至可能不亚于复式记账法的发明。从其实质分析，区块链是一种无须中介参与，亦能在互不信任或弱信任的参与者之间维系一套不可篡改的账本记录的技术。区块链 1.0 的典型特征如下：

1. 以区块为单位的链状数据块结构

区块链系统各节点通过一定的共识机制选取具有打包交易权限的区块节点，该节点需要将新区块的前一个区块的哈希值、当前时间戳、一段时间内发生的有效交易及其梅克尔树根值等内容打包成一个区块，向全网广播。由于每一个区块都是与前续区块通过密码学证明的方式链接在一起的，当区块链达到一定的长度后，要修改某个历史区块中的交易内容，就必须将该区块之前的所有区块的交易记录及密码学证明进行重构，有效实现了防篡改。

2. 全网共享账本

在典型的区块链网络中，每一个节点都能够存储全网发生的历史交易记录的完整和一致账本，即对个别节点的账本数据的篡改、攻击不会影响全网总账的安全性。此外，由于全网的节点是通过点对点的方式连接起来的，没有单一的中心化服务器，因此不存在单一的攻击入口。同时，全网共享账本这个特性也使得防止双重支付成为现实。

3. 非对称加密

典型的区块链网络中，账户体系由非对称加密算法下的公钥和私钥组成，若没有私钥，则无法使用对应公钥中的资产。

4. 源代码开源

区块链网络中设定的共识机制、规则等都可以通过一致的、开源的源代码进行验证。

以上技术的组合，就是区块链 1.0 的典型实现，见表 7-1。

表 7-1　区块链 1.0 技术架构

应用层	实现转账和记账功能	
激励层	发行机制	分配机制
共识层	工作量证明（PoW）	

续表

网络层	P2P 网络	传播机制	验证机制	
数据层	区块数据	链式结构	数字签名	
	哈希函数	默克尔树	非对称加密	

7.1.4 区块链2.0——企业应用

2014 年前后，业界开始认识到区块链技术的重要价值，并将其用于数字货币外的领域，如分布式身份认证、分布式域名系统、分布式自治组织等。这些应用称为分布式应用（DAPP）。用区块链技术架构从零开始构建 DAPP 非常困难，但不同的 DAPP 共享了很多相同的组件。区块链 2.0 试图创建可共用的技术平台，并向开发者提供 BaaS 服务，极大提高了交易速度，大大降低资源消耗，并支持 POW、POS 和 DPOS 等多种共识算法，使 DAPP 的开发变得更容易。区块链 2.0 的典型特征如下：

（1）智能合约：区块链系统中的应用，是已编码的、可自动运行的业务逻辑，通常有自己的代币和专用开发语言。

（2）DAPP：包含用户界面的应用，包括但不限于各种加密货币，如以太坊钱包。

（3）虚拟机：用于执行智能合约编译后的代码。虚拟机是图灵完备的（图灵完备指在可计算性理论里，如果一系列操作数据的规则如指令、编程语言等可以用来模拟图灵机，那么它是图灵完备的）。随着区块链技术和应用的不断深入，以智能合约、DAPP 为代表的区块链 2.0（表 7-2），将不只是支撑各种典型行业应用的架构体系。在组织、公司、社会等多种形态的运转背后，可能都能看到区块链的这种分布式协作模式的影子。可以说，区块链必将广泛而深刻地改变人们的生活方式。

表 7-2 区块链 1.0 技术架构

应用层	数字钱包	可编程（货币/金融/社会）		
智能合约层	EVM	脚本语言	合约脚本	
激励层	发行机制	代币分配		
共识层	POW 算法	POS 算法	DPOS 算法	
网络层	P2P 网络	传播机制	验证机制	
数据层	数据区块	链式结构	数字签名	
	哈希函数	默克尔树	非对称加密	

7.1.5　区块链3.0——价值互联网

2018 年 5 月 28 日，国家主席习近平在中国科学院发表讲话："进入 21 世纪以来，全球科技创新进入空前密集活跃的时期，新一轮科技革命和产业变革正在重构全球创新版图、重塑全球经济结构。以人工智能、量子信息、移动通信、物联网、区块链为代表的新一代信息技术加速突破应用。"表明区块链是"新一代信息技术"的一部分。区块链 3.0 的产品率先解决的就是区块链的性能问题，区块链 1.0、2.0 时代的产品也纷纷向提高性能升级，见表 7-3。从技术的角度来看，应用 CA 认证、电子签名、数字存证、生物特征识别、分布式计算、分布式存储等技术，区块链可以实现一个去中心、防篡改、公开透明的可信计算平台，从技术上为构建可信社会提供了可能。区块链与云计算、大数据和人工智能等新兴技术交叉演进，将重构数字经济发展生态，促进价值互联网与实体经济的深度融合。

表 7-3　区块链 1.0~3.0 时代产品对比图

参考指标	区块链 3.0 时代产品		区块链 1.0、2.0 时代产品	
	迅雷链	百度超级链	比特币	以太坊
提高性能的技术	同构多链	基于 DAG 的根链 + 平行链	闪电网络	分布式网络
共识机制	DPOA + PBFT	DPOS + 其他	POW	POS + POW
吞吐量/（笔·s^{-1}）	1 000 000	100 000	单链 >250	单链 >1 000
上线时间	2018 年 4 月	2018 年 9 月	2009 年 1 月	2014 年 7 月
是否用于实体经济	是	是	否	否

价值互联网是一个可信赖的实现各个行业协同互联，实现人和万物互联，实现劳动价值高效、智能流通的网络，主要用于解决人与人、人与物、物与物之间的共识协作、效率提升问题，将传统的依赖于人或依赖于中心的公正、调节、仲裁功能自动化，按照大家都认可的协议交给可信赖的机器来自动执行。通过对现有互联网体系进行变革，区块链技术将与 5G 网络、机器智能、物联网等技术创新一起承载着我们的梦想，进入价值互联网时代。

在智能价值互联时代，伴随着 5G、人工智能、物联网等技术，区块链将渗透到生产生活的方方面面，充分发挥审计、监控、仲裁和价值交换的作用，确保技术创新向着让人们的生活更加美好、让世界更加美好的方向发展。

7.2　区块链是什么

7.2.1　区块链的概念

什么是区块链？工信部指导发布的《区块链技术和应用发展白皮书 2016》的解释是：

狭义来讲，区块链是一种按照时间顺序将数据区块依次链接形成的链式数据结构，并以密码学方法保证数据块的不可篡改、不可伪造的分布式账本。

广义来讲，利用块链式数据结构来验证与存储数据，利用分布式节点共识算法来生成和更新数据，利用密码学方式来保证数据传输和访问安全，利用由自由化脚本代码组成的智能合约来编程和操作数据的一种全新的分布式基础架构与计算范式。

通俗地讲，区块链（blockchain）是一种数据以区块（block）为单位产生和存储，并按照时间顺序首尾相连形成链（chain）式结构，同时通过密码学保证不可篡改、不可伪造及数据传输安全的去中心化分布式账本，如图7-6所示。区块链中的账本的作用和现实生活中的账本基本一致，按照一定的格式记录流水等交易信息。特别是在各种数字货币中，交易内容就是各种转账信息。但随着区块链的发展，记录的交易内容会逐步扩展到各个领域的数据，例如，在供应链溯源应用中，区块里就记录了供应链各个环节中物品所处的责任方、位置信息等。

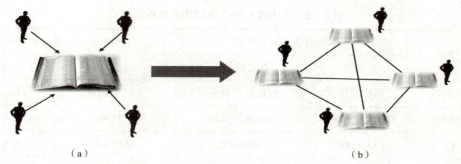

（a）   （b）

图7-6　中心化账本（a）和共享式账本（b）

7.2.2 区块链的类型

区块链目前主要分为公有链、私有链、联盟链三种。三种各有侧重点，它们的应用场景和实现的功能，以及基于此构成的不同的经济生态模型，见表7-4。

表7-4　三种链的特点对比表

类型	私有链	联盟链	公有链1.0	公有链2.0	公有链3.0
参与者	个体或机构内部	联盟内部使用，具有准入机制，安全性更高	任何人都可以自由使用	任何人都可以自由	任何人都可以自由
信任机制	自行背书	集体背书	POW	POW/POS	POS/DPOS等
记账人	自定	参与者协商决定	所有参与者	所有参与者	所有参与者或多中心记账
激励机制	无	可选	需要	需要	需要
中心化程度	以中心化为主	多中心化	去中心化为主+多中心化	去中心化	多中心化

续表

类型	私有链	联盟链	公有链1.0	公有链2.0	公有链3.0
突出优势	透明和可追溯	效率/成本/安全性	信用的自建、挖矿记账、支持二次编程	在公链上编写DAPP应用更容易，具有平台化特点	更快的交易速度，支持多种编程语言编写DAPP，可以挖矿，也可以不挖矿
典型应用	机构内不对外提供服务的区块链应用和研究	行业、组织、联盟等进行数据资源交互和交易的多中心化的共识机制	线上的交易记录	线上的基于公链的各种DAPP	线上基于公链的各种DAPP
典型代表	Overstock	R3的银行联盟	比特币	以太坊	EOS及其他新公链
承载能力	1 000～10万笔/s	1 000～10 000笔/s	少于10笔/s	几十笔/s	百万笔/s

　　国内外目前已经开发出来的"公链"达数千条之多，但实际能落地应用的屈指可数，目前仅"以太坊"（图7-7）的系统完整性和生态建设相对较好，聚集全球最多的开发者群体，可以基于"以太坊"开发一些应用的DAPP。然而由于交易速度等方面的限制，还是无法大规模地落地一些并发速度要求高的应用。

图7-7　以太坊logo

　　当然，我们也必须看到，由于区块链中潜藏的巨大的财富效应，世界各国在区块链领域都吸引和聚集了大量的顶尖人才，技术时时刻刻都在更新突破，应用范围也在不断扩展。

7.2.3　区块链的体系结构

　　区块链系统由数据层、网络层、共识层、激励层、合约层和应用层组成，如图7-8所示。

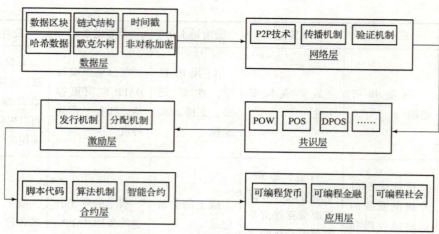

图 7 – 8　区块链技术的基础架构模型

7.2.4　区块链的核心技术

除了在前文区块链技术起源中所涉及的 P2P 网络、数据库技术、非加密对称算法等技术外，区块链技术还包含以下核心技术：

1. 哈希运算

哈希算法是区块链中用得最多的一种算法，它被广泛使用在构建区块和确认交易的完整性上，为了保证数据完整性，会采用哈希值进行校验。

区块链可理解为区块 + 链的形式，这个链是通过哈希链接起来，每个区块可能都有很多交易，整个区块又可以通过哈希函数产生摘要信息，然后规定每一个区块都需要记录上一个区块的摘要信息，这些哈希函数层层嵌套，最终将所有区块串联起来，形成区块链，如图 7 – 9 所示。如果改了历史中某一个区块的数据，意味着这个区块摘要值（即哈希值）就会发生改变，那么下一个区块中记录的上一个区块的哈希也得做相应的修改，依此类推，也就是说，如果要修改历史记录的话，所有记录都要修改才能保证账本的合法性，哈希函数就提高了账本篡改的难度。

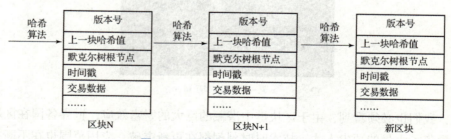

图 7 – 9　区块链数据结构示意图

哈希算法有很多，比特币主要使用的哈希算法是 SHA – 256。SHA（Secure Hash Algorithm，译作安全散列算法）由美国国家安全局设计，该算法属于 SHA – 2 系列，在中本聪发明比特币时（2008 年）被公认为最安全、最先进的算法之一。

2. 共识机制

共识机制就是所有记账节点之间怎么达成共识，去认定一个记录的有效性，这既是认定的手段，也是防止篡改的手段。区块链提出了四种不同的共识机制：

（1）工作量正面 POW 类的共识算法。

（2）PO＊（＊代表各种算法所引入的凭证）的凭证类共识算法。

（3）拜占庭容错 BFT 类算法。

（4）结合可信执行环境的共识算法。

它们适用于不同的应用场景，在效率和安全性之间取得平衡。

区块链的共识机制具备"少数服从多数"以及"人人平等"的特点，其中"少数服从多数"并不完全指节点个数，也可以是计算能力、股权数或者其他计算机可以比较的特征量。"人人平等"是当节点满足条件时，所有节点都有权优先提出共识结果，直接被其他节点认同后并最后有可能成为最终共识结果。以比特币为例，采用的是工作量证明，只有在控制了全网超过 51% 的记账节点的情况下，才有可能伪造出一条不存在的记录。当加入区块链的节点足够多的时候，这基本上不可能，从而杜绝了造假的可能。

3. 智能合约

智能合约是基于这些可信的不可篡改的数据，可以自动化地执行一些预先定义好的规则和条款。以保险为例，如果说每个人的信息（包括医疗信息和风险发生的信息）都是真实可信的，那么就很容易在一些标准化的保险产品中进行自动化的理赔。在保险公司的日常业务中，虽然交易不像银行和证券行业那样频繁，但是对可信数据的依赖有增无减。因此，利用区块链技术，从数据管理的角度切入，能够有效地帮助保险公司提高风险管理能力。具体来讲，主要分为投保人风险管理和保险公司的风险监督。

7.2.5　区块链的特征

区块链用于解决信任问题，其特征如下：

1. 去中心化

区块链技术不依赖额外的第三方管理机构或硬件设施，没有中心管制，除了自成一体的区块链本身，通过分布式核算和存储，各个节点实现了信息自我验证、传递和管理。去中心化是区块链最突出的本质特征。

2. 开放性

区块链技术基础是开源的，除了交易各方的私有信息被加密外，区块链的数据对所有人开放，任何人都可以通过公开的接口查询区块链数据和开发相关应用，因此整个系统信息高度透明。

3. 独立性

基于协商一致的规范和协议（类似于比特币采用的哈希算法等各种数学算法），整个区块链系统不依赖其他第三方，所有节点能够在系统内自动安全地验证、交换数据，不需要任何人为的干预。

4. 安全性

如果不能掌控全部数据节点的 51%，就无法肆意操控修改网络数据，这使区块链本身变得相对安全，避免了主观人为的数据变更。

5. 匿名性

除非有法律规范要求，单从技术上来讲，各区块节点的身份信息不需要公开或验证，信息传递可以匿名进行。

> ☞ 讨　论
>
> 　　什么是去中心化？

7.3　区块链的应用

区块链技术主要应用于以下几个方面。

1. 金融领域

区块链在国际汇兑、信用证、股权登记和证券交易所等金融领域有着潜在的巨大应用价值。将区块链技术应用在金融行业中，能够省去第三方中介环节，实现点对点的直接对接，从而在大大降低成本的同时，快速完成交易支付。比如 Visa 推出基于区块链技术的 Visa B2B Connect，它能为机构提供一种费用更低、更快速和安全的跨境支付方式来处理全球范围的企业对企业的交易。

> **拓展知识**
>
> **应用实例**
>
> 　　目前我们转账都是中心化的（图 7-10），银行是一个中心化账本，例如 A 账号里有 400 块钱，B 账号里有 100 块钱。当 A 要转 100 块钱给 B 时，A 要通过银行提交转账申请，银行验证通过后，就从 A 账号上扣除 100 块，B 账号增加 100 块。计算得 A 账号扣除 100 后余额为 300 元，B 账号加上 100 后余额为 200 元。
>
>
>
> **图 7-10　银行、区块链转账**

区块链上转账的步骤则是：A 要转账给 B 100 块钱，A 就会在网络上把要转账的这个信息告诉大家，大家会查看 A 的账户上是否有足够的钱去完成这个转账，验证通过后，大家就把这个信息记录到自己电脑的区块链中，并且每个人记录的信息都是同步一致的，这样 A 就顺利地将 100 块钱转移到 B 的账户上。如图 7-11 所示，可以看到这中间并没有银行什么事。

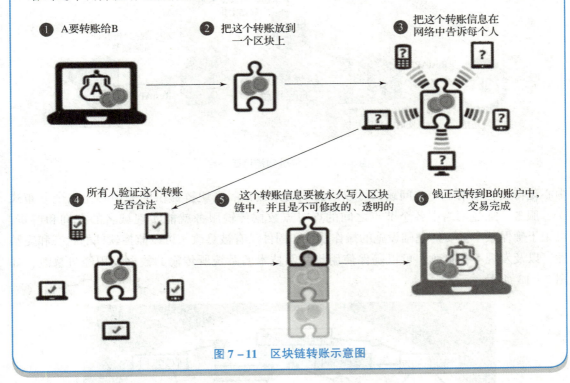

① A 要转账给 B

② 把这个转账放到一个区块上

③ 把这个转账信息在网络中告诉每个人

④ 所有人验证这个转账是否合法

⑤ 这个转账信息要被永久写入区块链中，并且是不可修改的、透明的

⑥ 钱正式转到 B 的账户中，交易完成

图 7-11　区块链转账示意图

2. 物联网和物流领域

区块链也可以与物联网及物流领域结合使用。通过区块链可以降低物流成本，追溯物品的生产和运送过程，并且提高供应链管理的效率。该领域被认为是区块链一个很有前景的应用方向。

区块链通过结点连接的散状网络分层结构，能够在整个网络中实现信息的全面传递，并能够检验信息的准确程度。这种特性一定程度上提高了物联网交易的便利性和智能化。区块链 + 大数据的解决方案就利用了大数据的自动筛选过滤模式，在区块链中建立信用资源，可以双重提高交易的安全性，并提高物联网交易便利程度。图 7-12 所示为智能物流模式，此应用节约了时间成本。

区块链结点具有十分自由的进出能力，可独立参与或离开区块链体系，不对整个区块链体系有任何干扰。区块链 + 大数据解决方案就利用了大数据的整合能力，促使物联网基础用户拓展更具有方向性，便于在智能物流的分散用户之间实现用户拓展。

3. 公共服务领域

区块链在公共管理、能源、交通等领域都与民众的生产生活息息相关，但是这些领域的

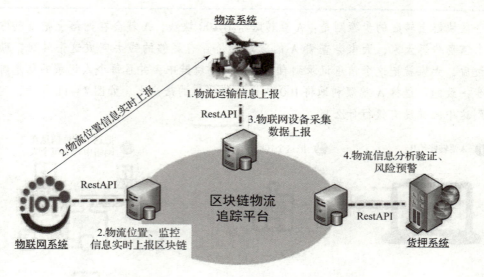

图 7 – 12　区块链物流追踪平台

中心化特质也带来了一些问题，可以用区块链来改造。区块链提供的去中心化完全分布式 DNS 服务，通过网络中各个节点之间的点对点数据传输服务就能实现域名的查询和解析，可用于确保某个重要的基础设施的操作系统和固件没有被篡改，可以监控软件的状态和完整性，以及发现不良篡改，可以确保使用物联网技术的系统所传输的数据没用经过篡改，如图 7 – 13 所示。

图 7 – 13　区块链"一扫就知"

4. 数字版权领域

区块链技术可以对作品进行鉴权，证明文字、视频、音频等作品的存在，保证权属的真实性、唯一性。作品在区块链上被确权后，后续交易都会进行实时记录，实现数字版权全生命周期管理，也可作为司法取证中的技术性保障，如图 7 – 14 所示。

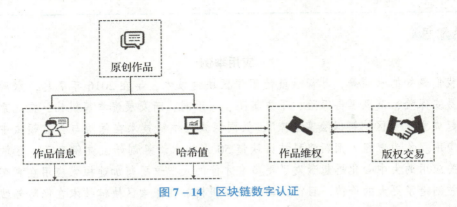

图 7-14 区块链数字认证

应用举例

美国纽约一家创业公司 Mine Labs 开发了一个基于区块链的元数据协议，这个名为 Mediachain 的系统利用 IPFS 文件系统，实现数字作品版权保护，主要是面向数字图片的版权保护应用。

5. 保险领域

保险业利用区块链技术的业务创新主要集中在两个领域：一是技术融合，针对区块链数据不会泄露丢失等技术特点，将保单信息、客户信息、理赔信息放到区块链进行存储，避免意外事故对数据安全的冲击。二是合作创新，让区块链在保险业务场景化拓展过程中扮演新的角色，推动产品服务创新，如图 7-15 所示。

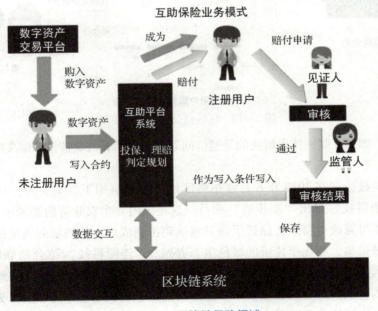

图 7-15 区块链保险领域

应用举例

我们熟知的水滴筹，其背后就使用了区块链技术，早在 2016 年 7 月，水滴公司就与易安保险、慕尼黑再保险、千方集团、火币网、新发展资本等机构，在北京五道口发起成立了"区块链保险实验室"，共同探索区块链技术在保险与公益领域中的实用性应用。作为曾经入围新浪科技区块链 50 人的水滴筹创始人沈鹏表示，区块链以及相关应用的去中心化思想激发了更多有才能的人把这思想加速探索应用在真实社会中，并创造了更大的价值。目前，国内很多机构都在探索区块链技术在保险领域的应用前景。

6. 公益领域

区块链上存储的数据，具有高可靠且不可篡改，适合用在社会公益场景，如图 7-16 所示。公益流程中的相关信息，如捐赠项目、募集明细、资金流向、受助人反馈等，均可存放于区块链上，并且有条件地进行透明公开公示，方便社会监督。

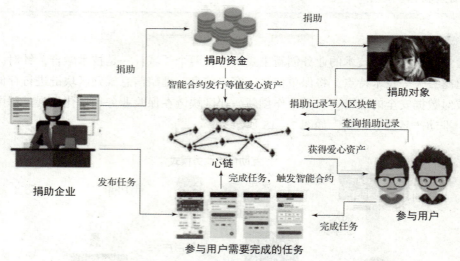

图 7-16　区块链公益领域的应用

总而言之，如果互联网技术解决的是通信问题的话，那么区块链技术解决的是信任问题。

7. 农业领域

中国众安科技公司在 2017 年 6 月宣布将区块链全面应用于养鸡业务，扶持国内区块链创业公司"连陌科技"推出"步步鸡"项目。这是国内首个农业防伪溯源项目的大胆尝试，它基于区块链不可篡改等特点，保证了每只鸡从鸡苗到成鸡、从鸡场到餐桌的过程中，所有产生的数据都被采集，相比于传统的绿色生态养殖，"连陌科技"结合物联网与传感设备，使用区块链技术给每只鸡都加上了一个"身份证"。该身份证实时记录鸡的地理位置，甚至它每天走多少步、长多少克都会记下来，这使鸡的整个成长过程都能够从源头被追溯。在整个生产链上，区块链技术突破了小鸡生长环节的信息壁垒，所有信息通过区块链进行流转，并通过共识算法保证信息的不可篡改，完全真实可靠。图 7 - 17 所呈现的过程中还采用了拥有国际专利的防伪技术，带着防伪标识的鸡在送到用户手上之前，如果名牌被撕毁，则防伪立即无效，这样可以防止信息的多次复制。该项目中所提供的"物联采集、信息上链、舆情分析、防伪溯源"等新兴技术，都将有助于生态农业的打造。可以说，该项目的成功与经验积累，加速了国内农业现代化进程。

图 7 - 17 区块链对"步步鸡"的全程追踪

思政案例

"区块链"技术助力北京冬奥会

2019 年 6 月，北京冬奥组委发布了《北京 2022 年冬奥会和冬残奥会低碳管理工作方案》，为北京冬奥会、冬残奥会的筹办、举办和赛后利用全过程制定了低碳奥运的目标。为全面落实习近平总书记生态文明思想和"绿色、共享、开放、廉洁"的办奥理念，实现"碳达峰、碳中和"目标，国家电网有限公司建立了基于区块链的绿电溯源机制。以科技服务奥运，使北京冬奥会成为展现我国绿色发展理念的重要平台和窗口。

为打造可信高效的绿电溯源管控平台，将区块链技术贯通绿电生产、传输、交易、容纳全链条信息流，实现全流程可观、可控、可追溯。助力冬奥场馆 100% 绿电供应及可信溯源，积极服务"碳达峰、碳中和"目标。

平台面向有关政府主管部门、监管机构及相关企业，能够有效支撑冬奥绿电从生产到消纳关键流程链上的监控，降低数据传递丢失、被篡改的风险，为冬奥场馆 100% 绿电全覆盖提供可信证明，实现政府、人民、奥组委对北京绿色冬奥的实时、可视化、多维度感知，提高社会公众乃至全世界对低碳冬奥的可信度。

本平台充分利用区块链共识机制、分布式账本、智能合约等技术特点，依托国家电网公司区块链公共服务平台"国网链"进行建设，并实现与北京长安链平台的跨链互通，未来将实现与国家级区块链基础设施"星火·链网"、互联网法院天平链、央企电商联盟链等平台的跨链互通，形成规模庞大、行业领先的区块链链群。平台结合电网企业在绿电交易业务中的平台和枢纽作用，加速推进我国清洁能源发展，依托冬奥绿电溯源等实践，开展区块链在全国范围的应用与推广，同时，依据试点和规模应用情况，结合电力行业业务发展及平台功能的不断升级完善，逐步向其他领域推广应用，面向行业提供丰富、可靠、便捷、易用的区块链绿电溯源服务，全面推动我国"双碳"目标的实现。

小结

本章主要介绍区块链技术，从案例、发展、概念、应用四个方面阐述，介绍了比特币和区块链的关系，通过故事案例的形式学习了比特币原理。本章内容的学习，让我们认识到区块链技术为我们解决信任和价值传递问题提供了一个新颖而实用的思路方案，与其说这是一种技术，不如说这是一类思想，它代表了一种公正透明、信任协作的价值观，我们将沿着历史发展的路线，从最初的黄金屋（加密数字货币）走到智能合约，再走向更有前景的价值互联网时代。未来的区块链技术又能给我们哪些惊人的发展呢？我们一起拭目以待。

☞ 讨 论

预测一下区块链技术未来的发展趋势，思考它还存在哪些潜在风险。

思考与练习

1. 区块链是什么？举例说明。
2. 区块链技术涉及的关键点有哪些？
3. 区块链技术的发展经历了几个阶段？每个阶段的主要特征有哪些？
4. 区块链技术的应用有哪些？其可以解决哪些行业痛点？
5. 区块链技术的发展还面临哪些挑战？该如何应对？

第8章

量子科技

学习目标

1. 知识目标

(1) 知道什么是量子比特，了解传统比特与量子比特的区别。

(2) 掌握量子的概念、特性及相关的核心技术。

(3) 了解量子的起源与发展，熟悉量子的原理，理解量子系统和传统系统的区别。

(4) 了解量子力学概念、特点及其在微观世界和宏观世界的意义。

(5) 了解量子科技的国家战略、技术发展、应用领域，以及能解决的行业问题和未来的发展趋势。

2. 能力目标

(1) 能够正确认识量子科技的重大科学意义和战略价值。

(2) 能够正确描述量子科技的优势，客观认识量子科技对传统技术体系产生的冲击。

(3) 能够明确我国在量子科技领域的优势和不足，明确量子科技对高质量发展、保证国家安全的意义。

3. 素质目标

(1) 通过介绍我国在政策上对量子科技的支持，以及技术应用的成功案例，培养学生的爱国主义情怀和科技强国的信心。

(2) 面对量子技术应用的瓶颈，树立良好的世界观、价值观，培养学生用创新、理性的思维处理问题的能力。

(3) 通过学习量子技术，培养学生主动探索前沿科学和技术的意识与能力。

> ☞ 前　言
>
> 　　我们常说科学技术是第一生产力，当人类跨进21世纪的大门后更是如此。在当今热门的尖端科技中，量子技术是一大热门。近年来，"量子"一词频繁出现于各种科技新闻报道。量子计算机、量子通信、量子加密、量子网络，将会给人类信息处理的方式带来颠覆性的改变。中国在量子科技领域处于世界前列，特别是在量子计算原型机和量子通信方面，对世界的量子科技发展做出了重大贡献。那么什么是量子？什么是量子科技？通过本章节的学习，我们一起来感受量子的魅力吧。

导入案例："墨子号"量子卫星

2016 年 8 月，中国发射世界首颗"墨子号"量子卫星，这是全球首颗量子科学实验卫星，由中国科学技术大学主导研制，如图 8–1 所示。在国际上率先实现高速星地量子通信，初步构建量子通信网络。"墨子号"是一个太阳同步轨道卫星，它的基本目标是：进行卫星和地面的量子密钥分发。拓展任务是进行空间尺度的量子力学非定域性检验，以及地面和卫星的量子隐形传态。这三大目标是它必须要完成的事情。

图 8–1 "墨子号"量子通信卫星

"墨子号"大事记见表 8–1。

表 8–1 "墨子号"大事记

时间	事件
2017 年 1 月 18 日	圆满完成 4 个月的在轨测试任务后，正式交付中国科学技术大学使用
2017 年 6 月 16 日	中国"墨子号"量子卫星在世界上首次实现 10^3 km 量级的量子纠缠，这意味着量子通信向实用迈出一大步
2017 年 8 月 12 日	"墨子号"取得最新成果——国际上首次成功实现 10^3 km 级的星地双向量子通信，为构建覆盖全球的量子保密通信网络奠定了坚实的科学和技术基础，至此，"墨子号"量子卫星提前、圆满地完成了预先设定的全部三大科学目标
2017 年 9 月 29 日	世界首条量子保密通信干线"京沪干线"与"墨子号"科学实验卫星进行天地链路，我国科学家成功实现了洲际量子保密通信。这标志着我国在全球已构建出首个天地一体化广域量子通信网络雏形，为未来实现覆盖全球的量子保密通信网络迈出了坚实的一步
2018 年 1 月	在中国和奥地利之间首次实现距离达 7 600 km 的洲际量子密钥分发，并利用共享密钥实现加密数据传输和视频通信。该成果标志着"墨子号"已具备实现洲际量子保密通信的能力

时间	事件
2019 年 1 月 31 日	被授予 2018 年度克利夫兰奖
2020 年 6 月 15 日	中国科学院宣布，"墨子号"量子科学实验卫星在国际上首次实现 10^3 km 级基于纠缠的量子密钥分发。该实验成果不仅将以往地面无中继量子密钥分发的空间距离提高了一个数量级，而且通过物理原理确保了即使在卫星被他方控制的极端情况下依然能实现安全的量子密钥分发。国际学术期刊《自然》也于北京时间 6 月 15 日 23 时在线发表了这一成果

另外，早在 2012 年 8 月，我国在国际上首次成功实现百千米量级的自由空间量子隐形传态和纠缠分发，为发射这颗全球首颗"量子通信卫星"奠定技术基础。这一系列的成就表明中国在量子科技领域处于国际第一梯队。

量子科技的威力有多大，绝对会颠覆你的想象。量子科技是事关国家安全和社会经济高质量发展的战略性领域。我们必须将创新主动权和发展的主动权牢牢掌握在自己手中。

思政案例

我国量子科技国家战略布局

中共中央政治局 2020 年 10 月 16 日就量子科技研究和应用举行第二十四次集体学习时，习近平总书记讲到量子科技国家战略布局时说："在组织实施长周期重大项目中加强顶层设计和前瞻布局，加强多学科交叉融合和多技术领域集成创新，形成我国量子科技发展的体系化能力。"并强调"要统筹量子科技领域人才、基地、项目，实现全要素一体化配置，加快推进量子科技重大项目实施。"

8.1 了解量子科技发展轨迹

8.1.1 量子的发展历史

量子是现代物理学的一个概念。1900 年，为了解决黑体辐射问题，物理学家普朗克提出了"能量的最小单元"假设，并将其命名为"量子"。之后发展出的量子物理学，促进了人们对于量子的认识，同时也将这门科技应用到了实际生活中。

量子是我们的老朋友，并不是最近才有的东西。量子技术已由实验室步入了实践，并促使着自身最新理论研究成果向实用化、工程化转化。它的发展经历了四个阶段，见表 8 - 2。

表 8 – 2　量子发展阶段

第一阶段：1900—1924 年，量子概念提出阶段
1900 年，普朗克提出了量子概念，揭示了微观自然过程的量子本性。 1905 年，爱因斯坦提出了光量子假说，进一步发展了量子概念。 1913 年，玻尔把量子概念应用于氢原子系统，创立了玻尔原子理论。
第二阶段：1925—1926 年，量子力学诞生阶段
1925 年，海森堡在玻尔原子理论基础上，发现物质的量子特性。 1926 年，薛定谔发现了物质波的非相对论演化方程，标志着波动力学的建立。 1926 年，狄拉克通过变换理论把矩阵力学和波动力学统一。至此建立起了量子力学理论体系。
第三阶段：2013—2017 年，实验研究阶段
2013 年，中国科学院联合相关部门启动了上 10^3 km 级的光纤量子通信骨干网工程"京沪干线"项目。 2016 年，中科大基于"墨子号"量子科学实验卫星，实现星地之间 QT 传输。 2017 年，欧盟量子旗舰计划发射量子通信卫星，实现星地量子通信。 2018 年，谷歌实现 72 位超导量子比特，2019 年证明了量子计算的优越性。
第四阶段：2018 年至今，产业部署阶段。
2019 年，清华大学基于 QSDC 理论，实现了量子原理样机的研制。 2020 年 10 月，中共中央政治局第二十四次集体学习研究量子科技研究和应用前景。

8.1.2　揭开量子的神秘面纱

1. 量子的发现

1900 年，普朗克（M. Planck）提出能量子，即能量量子化的概念，这对经典物理理论是一个极大的冲击，因为能量的连续性在经典物理中是"天经地义"的事情。在物理学上，能量子概念的提出开创了物理学的一个全新领域，同时，改变了人们对微观世界的认识，这个观点与宏观世界我们对能量的认识不同。

1900 年 12 月 14 日，普朗克在德国物理学会会议上宣布了他的发现——能量量子化假说，能量子的概念是非常新奇的，它冲破了传统的概念，揭示了微观世界中一个重要规律——微观自然过程的非连续本性，或量子本性。后来，他因为"能量量子的发现"获得 1918 年诺贝尔物理学奖。

拓展知识

热辐射和不情愿的量子启动者

"量子"一词起源于 20 世纪初，量子论的观点最初是在研究热辐射的规律时产生的。当时著名物理学家开尔文勋爵宣称，物理学晴朗的天空中有两朵乌云。

　　其中一个是说，电磁波的媒介一直找不到。水波的媒介是水，声波的媒介是空气或者其他传播声音的东西，人们将电磁波的媒介叫作以太，但是一直找不到（迈克尔逊－莫雷实验）。

　　电磁波，或者简称光，按照波长从长到短，包括无线电波、微波、红外线、可见光、紫外线、X 射线、伽马射线的磁场在空间的传播，区别只是波长或者频率不同（频率等于光速除以波长）。

　　当时物理学天空的第二朵乌云是热辐射的能量问题。热辐射实际上就是电磁波。那么它是哪种电磁波呢？答案是，它是各种电磁波的混合。每种电磁波的能量取决于它的波长，也取决于温度，所以叫作热辐射。理想的情况通常称作黑体辐射，意思是，对于所有波长的电磁波，只有辐射和吸收，没有反射。

　　对此我们有些生活经验，比如，人的身体也有热辐射（低温热辐射），虽然我们感受到它发出热量，但看不到它发光，我们可以通过探测捕捉到红外线，如图 8－2 所示。随着物体温度升高，我们还可以看到红色、黄色等，说明这些波长的电磁波能量增加了，如图 8－3 所示。

头部红外照片（热处显白色，冷处显黑色）

图 8－2　人体头部的红外照片

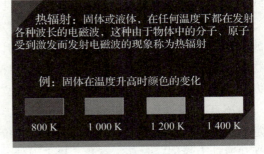

热辐射：固体或液体，在任何温度下都在发射各种波长的电磁波，这种由于物体中的分子、原子受到激发而发射电磁波的现象称为热辐射

例：固体在温度升高时颜色的变化

800 K　　1 000 K　　1 200 K　　1 400 K

图 8－3　热辐射的颜色变化

　　但是，一定温度下，各种电磁波的能量究竟有多少？这个问题在 19 世纪后期研究了几十年也没有研究清楚，没有一个满意的公式来描写它，这说明没有搞清楚它的机制。所以开尔文勋爵将这个问题列为一朵乌云。

　　峰回路转，开尔文话音刚落，同一年的 10 月，普朗克找到了一个完美的公式，描写热辐射中各种电磁波的能量，这后来被称作普朗克定律。

　　这先是普朗克猜出来的。然后他试图从理论上推导出普朗克定律。但是他绝望地发现，为此必须假设，物质通过振动发出或吸收电磁波时，振动的能量必须是某个基本单元的整数倍。普朗克将这基本单元叫作量子，是频率乘以一个常数。这个常数后来叫作普朗克常数。

　　就这样，普朗克不太情愿地启动了量子革命。

　　（资料来源于 https://www.sohu.com/a/426462444_348129，施郁，《量子科技：领导干部公开课》）

2. 量子的发展与量子力学的诞生

1905 年，爱因斯坦提出了光量子假说，进一步发展了量子概念。爱因斯坦认为，能量子概念不只是在光波的发射和吸收时才有意义，光波本身就是由一个个不连续的、不可分割的能量量子所组成的。利用这一假说，爱因斯坦成功地解释了光电效应等实验现象。光量子概念首次揭示了光的量子特性或波粒二象性。即光不仅具有波动性，同时也具有粒子性。

1913 年，玻尔把量子概念成功地应用于氢原子系统，并根据卢瑟福的核型原子模型创立了玻尔原子理论。这一理论指出，原子中的电子只能存在于具有分立能量的定态上，并且电子在不同能量定态之间的跃迁是本质上非连续的。

1924 年，在爱因斯坦光量子概念的启发下，德布罗意提出了物质波假说，最终将光所具有的波粒二象性赋予了所有物质粒子，从而指出了自然界中的所有物质都具有波粒二象性或量子特性。德布罗意的物质波概念为人们发现量子的规律提供了最重要的理论基础。

1925 年 7 月，海森堡在玻尔原子理论的基础上，发现了将物理量（如位置、动量等）及其运算以一种新的形式和规则表述时，物质的量子特性，如原子谱线的频率和强度可以被一致地说明，这是关于量子规律的一种奇妙想法。

1925 年年末，在爱因斯坦的建议下，薛定谔仔细研究了德布罗意的论文，并产生了物质波需要一个演化方程的想法。1926 年年初，经过反复尝试和努力之后，薛定谔终于发现了物质波的非相对论演化方程，即今天人们熟知的薛定谔方程。薛定谔方程的发现标志了量子力学的另一种形式体系——波动力学的建立。

1926 年下旬，看上去非常不同的矩阵力学和波动力学很快被证明在数学上是等价的。薛定谔首先证明了波动力学与矩阵力学的等价性，之后，狄拉克进一步通过变换理论把矩阵力学和波动力学统一起来。至此，量子力学的理论体系被创建完成。

1925—1926 年间，定量描述物质量子特性的最初理论——量子力学诞生了。从此，人类开始进入量子时代。越来越多的人投入量子力学的应用研究中，基于量子规律的新技术也不断涌现，这些量子技术深深地改变了人类的生活，其中最引人注目的成就是激光技术和电子计算机的出现。

拓展知识

名人名言

量子科技的概念最早是普朗克提出来的。从某种意义上讲，普朗克应该算是旧量子力学的祖父，爱因斯坦和玻尔是旧量子力学之父，也是新量子力学的祖父，而海森堡、薛定谔和狄拉克等则建立了新量子力学——真正有方程去求解的量子力学。

——潘建伟，中国科学院院士

拓展知识

从爱因斯坦到量子力学

1905 年，美国物理学家爱因斯坦把量子概念引进光的传播过程，提出"光量子"（光子）的概念，他指出，电磁波本身就是由一份一份的量子组成的。并提出光同时具有波动和粒子的性质，即光的"波粒二象性"。这是爱因斯坦本人唯一自称具有革命性的工作。

这与普朗克的量子假说并不一样，就好比，普朗克说，从水缸里舀水时，一勺一勺地舀；而爱因斯坦说，水本来就是由一勺一勺组成的，不存在半勺水的概念。

作为推论，爱因斯坦解释了光电效应，也就是光量子入射到金属上可以导致电子出射，并预言了出射电子的能量与入射光的波长的关系。

1905 年，爱因斯坦还创立了相对论，说明了电磁波不需要媒介，所以也驱散了第一朵乌云。1906 年，爱因斯坦指出，光量子假说自然导致普朗克定律，后来人们用此思想理解普朗克黑体辐射定律，广泛用在教科书中。第二朵乌云得以彻底驱散。

物理学天空中的两朵乌云如图 8-4 所示。

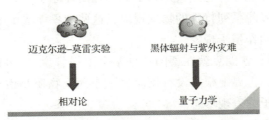

物理学晴朗天空中的两朵乌云

图 8-4 物理学天空中的两朵乌云

1922 年，爱因斯坦因为"光电效应定律的发现"而获得 1921 年诺贝尔物理学奖。

光电效应将光信号转变为电信号的应用很多，例如光电倍增管、光敏电阻、太阳能电池、数码相机研究材料性质所用的光电子能谱等。

回到历史，1913 年，玻尔提出，原子中的电子只能处于一些分立的轨道。在这些轨道上，能量是某个基本单元除以整数的平方，所以是分立的，叫作能量量子化。玻尔因"原子结构及其辐射的研究"获 1922 年诺贝尔物理学奖。1924 年，法国物理学家德布罗意提出"物质波"概念，即一切物质粒子均具备波粒二象性；随后德国物理学家海森堡等人建立了量子矩阵力学；奥地利物理学家薛定谔建立了量子波动力学。量子理论的发展进入了量子力学阶段。

1928 年，英国物理学家狄拉克完成了矩阵力学和波动力学之间的数学等价证明，对量子力学理论进行了系统的总结，并将两大理论体系——相对论和量子力学成功地结合起来，揭开了量子理论的序幕。量子理论是现代物理学的两大基石之一，为从微观层面理解宏观现象提供了理论基础。

量子假设的提出有力地冲击了经典物理学，促进了物理学进入微观层面，奠基了现代物理学。但直到现在，物理学家关于量子力学的一些假设仍然不能被充分证明，仍有很多需要研究的地方。

（资料来源于《量子科技：领导干部公开课》，作者施郁，科普中国科学百科 https://baike.baidu.com/item/%E9%87%8F%E5%AD%90/135660？fr=aladdin）

8.2　认识量子科技的相关概念

8.2.1　什么是"量子"？

量子的英文是 quantum，源自拉丁文 quantus，它的原义是"多少"。量子现在是物理专业名词，它是场的最小激发。即一个物理量如果存在最小的不可分割的基本单位，则这个物理量是量子化的，并把最小单位称为量子。比如，电磁场的最小激发是光子，即电磁场的量子是光子。所有的基本粒子都是某个场的量子（最小激发）。除了光子，这些量子（最小激发）还包括电子、夸克、中微子、胶子等。质子不是量子，因为质子是由夸克构成的复合粒子。同理，氢原子不是量子。它其实是科学家们在研究原子、分子、原子核、基本粒子时所观察到的关于微观世界的系列特殊的物理现象，这些现象无法用牛顿经典物理学解释，所以另命名了一个名称，叫作量子现象。

早在 1900 年的时候，普朗克就在德国物理学会上报告说过，量子是能表现出某物质或物理量特性的最小单元，世界上根本没有物质这个东西，物质是由快速振动的量子组成的。所有的微观粒子都是量子的表现形态。

在微观领域中，某些物理量的变化是以最小的单位跳跃式进行的，而不是连续的，这个最小的单位叫作量子。

量子是一种非连续性波动的微粒子，它具有波粒二象性。即具有波动和粒子的双重性质。首先是高频能量波性，量子本身具有每秒上亿次的高频振动能量波，如图 8-5 所示。其次是粒子性，量子的大小只有 10^{-15} m（10^{-9} nm），如果把细胞比作地球，量子就可以理解成地球上的一滴水，可以自由进出细胞的任何微小缝隙，而不留下任何痕迹。

图 8-5　能量波动

这些肉眼看不见的粒子有着不同的振动频率，因而组成不同表现形式的物质。

8.2.2　量子力学

19 世纪末，人们发现旧有的经典理论无法解释微观系统，于是经由物理学家的努力，在 20 世纪初创立量子力学，解释了这些现象。量子力学从根本上改变人类对物质结构及其相互作用的理解。除了广义相对论描写的引力以外，迄今所有基本相互作用均可以在量子力学的框架内描述（量子场论）。

量子力学（Quantum Mechanics），为物理学理论，是研究物质世界微观粒子运动规律的物理学分支，主要研究原子、分子、凝聚态物质，以及原子核和基本粒子的结构、性质的基础理论。它与相对论一起构成现代物理学的理论基础。

量子力学认为：微观世界是量子化的、不连续的，拥有不可分的最小单元，比如光子。

> ☞ 思　考
>
> 你知道经典力学与量子力学的区别和联系吗？

量子力学是一场科学上的革命，几乎颠覆了以牛顿力学为代表的经典物理学的所有观念。主要体现在如下六个方面。

1. 量子性

前面介绍了量子是物理中各种基本场的最小单位激发。激发是个物理名词，指的是通过输入一些能量来扰动一个物理系统。比如搅动一盆完全静止的水。日常的经验告诉我们，原则上我们只要足够小心，搅动可以连续地从零一直渐渐增大，整盆水则会从有轻微的波纹逐渐变得水花四溅。也就是说，在经典物理里，激发是可以任意小的。但量子力学告诉我们，对于自然界的各种基本场，比如电磁场，这是不可能的，激发必须大于一个最小的单位，即量子。这是最早发现的一个量子力学的基本特征，和经典物理学有着根本的不同。量子力学也由此而得名。

2. 不确定性原理

海森堡 1927 年发现的"不确定性原理"，也称为"不确定关系"或"测不准关系"，这个理论是说，不可能同时知道一个粒子的位置和它的速度，粒子位置的不确定性必然大于或等于普朗克常数（Planck constant）除以 4π。其中的一个测得越准确，另一个就测得越不准确，如图 8–6 所示。它说明：由于测量过程对微观粒子行为的"干扰"，致使测量顺序具有不可交换性，这表明微观世界的粒子行为与宏观物质很不一样。

实际上，像粒子的坐标和动量这样的物理量，并不是本来就存在而等待着我们去测量的信息，测量不是一个简单的"反映"过程，而是一个"变革"过程，它们的测量值取决于我们的测量方式，测量方式的互斥性导致了测不准关系。

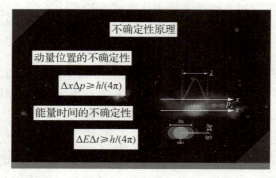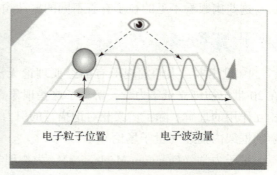

图8-6　海森堡不确定性

怎么理解呢？这就像坐在书房看书时，你的位置是确定的，你的速度也是确定的。当你出门的时候，导航会告诉你在什么地方应该右转或左转，同时也会提醒你是否超速了。这些日常经验告诉我们：一个物体的位置和速度是可以同时准确测量的。这完全符合牛顿力学。在牛顿力学里，一个粒子的位置和速度不但可以同时准确测量，而且必须可以准确测量，否则我们都无法确定一个粒子的运动状态。

但在量子力学里，事情变得非常不一样。海森堡不确定性原理告诉我们，同时准确地获取位置和速度是不可能的。如果你准确知道一个粒子的位置，你就不能准确知道它的速度；反之亦然。我们在日常生活中感受不到海森堡不确定性原理的效应，原因是我们平时对位置和速度的测量在原子尺度上还非常不精确。

> **拓展知识**
>
> ### 海森堡和测不准原理
>
> 海森堡提出了著名的"不确定性原理"：一个运动粒子的位置和它的动量不可被同时确定。也称"测不准原理"。1926年，海森堡任聘为哥本哈根大学尼尔斯·波耳研究所的讲师，1927年他发表了论文《论量子理论运动学与力学的物理内涵》，在这篇论文里提到，使用显微镜来测量电子的位置，需要通过测量光子，会不可避免地搅扰电子的动量，造成动量的不确定性，如图8-7所示。
>
>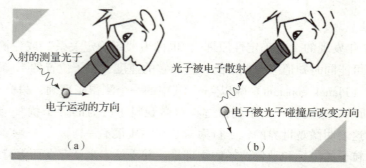
>
> 图8-7　论量子理论运动学与力学的物理内涵
>
> （a）测量之前；（b）测量发生后

海森堡紧跟着给出"测不准原理"：越精确地知道位置，则越不精确地知道动量，反之亦然。

（资料来源：知乎论坛 https://www.zhihu.com/question/27223172/answer/362337625）

3. 态叠加原理

态叠加，又称叠加状态（superposition state），是量子力学中的一个基本原理，广泛应用于量子力学各个方面。是指一个量子系统的几个量子态归一化线性组合后得到的状态。

在经典物理描述的世界里，任何一个物体在任何时刻都有确定的位置。这和我们日常的经验非常符合：你在上班就不可能在家里休息；当警察拿出监控录像证实你在犯罪现场时，没人会相信你那个时候在家里睡觉。

但在量子世界，即量子力学描述的世界里，一个物体可以同时处于两个不同的地点或具有不同的速度。比如氢原子中的电子可以同时处于质子的左边和右边，电子还可以同时绕着质子顺时针转和逆时针转。薛定谔猫就是对这个神奇而古怪的量子现象的戏剧性描述：一只猫可以同时是活的和死的。类似地，一盆水可以同时是冷的和热的；太阳可以同时在东方升起和西方落下。这些情况你当然从来没有碰到过。但根据量子力学，这些现象在原则上都可以发生。至于这些神奇的量子现象为什么只出现在微观世界而在日常生活中看不到，物理学家还在探索中。

拓展知识

从"薛定谔的猫"说量子的叠加

提到量子叠加态，不得不提的就是"薛定谔的猫"。该实验是由奥地利物理学家薛定谔于1935年提出的有关猫生死叠加的著名思想实验，是把微观领域的量子行为扩展到宏观世界的推演，如图8-8所示。

实验是这样的，在一个盒子里有一只猫，以及少量镭和氰化物放射物质。镭的衰变存在概率，如果镭发生衰变，会触发机关打碎装有氰化物的瓶子，猫就会死；如果镭不发生衰变，猫就存活。即有50%的概率放射性物质将会衰变并释放出毒气杀死这只猫，同时，有50%的概率放射性物质不会衰变而猫将活下来。

图8-8　薛定谔的猫

根据量子力学理论，由于放射性的镭处于衰变和没有衰变两种状态的叠加，猫就理应处于死猫和活猫的叠加状态。这只既死又活的猫就是所谓的薛定谔的猫。

量子理论认为，如果没有揭开盖子进行观察，我们永远也不知道猫是死是活，它将永远处于既死又活的叠加态，这使得微观不确定原理变成了宏观不确定原理，但客观规律不以人的意志为转移，猫既活又死违背了逻辑思维。大多数人都似乎能看懂这一实验，但要真正的理解却是很难的，正如玻尔的名言："谁要是第一次听到量子理论时没有发火，那他一定没听懂。"

薛定谔的猫是诸多量子困惑中有代表性的一个，相信大家也很难真正理解其中的奥秘，毕竟我们都不是科学家，但需要知道的是，这一实验中的"叠加态"概念对于后来量子科技的发展至关重要。

（资料来源：《量子科技：领导干部公开课》）

4. 量子随机性

假设有一个粒子，它处于一个位置的叠加态，即它同时处于 A 点和 B 点。现在我们对它的位置进行测量，确认它到底位于何处。量子力学告诉我们测量结果是随机的：可能是 A，也可能是 B。

但这种随机性和我们日常生活中遇到的随机现象有根本的不同。日常生活中的随机现象来自我们的无知：一个箱子有红、白两种球，如果箱子是透明的，你能准确地拿到你想要的红色；如果箱子不透明，你想拿到你喜欢的红色，只能希望得到幸运女神的眷顾。在量子力学里，测量结果的随机性是内在的，源自上面提到的态叠加原理。在箱子里那些球是量子的，处于红色和白色的叠加态，那么即使那个箱子是透明的，你也无法保证你每次都能拿到红色球。

5. 量子全同性

在我们日常的宏观世界里，相同其实是个近似的概念。当我们说两个物体相同时，我们其实是在说对于我们关心的性质，这两个物体没有区别；只要观察足够仔细，我们还是能区别它们的。比如两枚一元的硬币，即使它们一新一旧，我们也认为它们没有区别。

但在量子力学里，相同就成了绝对的概念。两个电子是相同的，你不可能用任何方法把它们区分开；两个光子是相同的，你不可能用任何方法把它们区分开。为了强调这种绝对的相同，在量子力学里，我们称电子是全同的，光子是全同的。

这种量子的全同性会体现在统计概率里。我们举个例子。假设有两枚硬币，它们有四种状态：两枚都朝上；两枚都朝下；硬币 1 朝上、硬币 2 朝下；硬币 2 朝上、硬币 1 朝下。但是如果这两枚硬币具有量子全同性，那么它们最多只能有三种状态：两枚都朝上；两枚都朝下；一枚硬币朝上一枚硬币朝下。因为你没有任何办法区分这两枚硬币，你就不能指定哪个是硬币 1，哪个是硬币 2。对于通常的硬币，四种可能性中的每种出现的概率都是 1/4，所以一枚硬币朝上一枚硬币朝下出现的概率是 1/2。但对于全同的量子硬币，一枚硬币朝上一枚硬币朝下出现的概率是 1/3 或者 1。

量子力学中不仅需要研究单个粒子的状态和状态变化，同时还需要考虑在有大量同类粒子时所表现出来的状态。

6. 量子纠缠

墨子号实验卫星的上天，让量子纠缠一词迅速传到大街小巷，然而对于这样一个专业的词汇，很多人并不明了其中的物理含义，现在我们来认识一下什么是量子纠缠。

在微观世界里，如果我们把一个微观系统（可以是一个原子，或者是一束激光等）用某种办法把它们"切割"开分成两个更小的粒子，则这两个小粒子之间就会具有"心灵感应"的特点。即使它们之间相距再遥远，也会彼此感应到对方的状态，并且是瞬间完成，如图 8-9 所示。

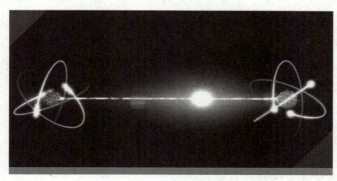

图 8-9　量子纠缠

这是一种颠覆我们认知的物理现象，即互为纠缠的两个粒子，只要其中一个改变了状态，另一个纠缠粒子会瞬间做出同样的改变，中间不会有任何的延时，同时也不受距离和空间的限制。

以光子的纠缠为例，一束紫外激光被发射到一种特殊的晶体。接着，该晶体会释放一对偏振方向相反的纠缠光子。如果我们发现处于甲地的光子偏振方向水平，则我们就知道另外一个光子的偏振方向是垂直的。在没有测量它们之前，两个光子处于叠加态，每种状态都有可能发生，无法确定哪种状态会发生。

量子纠缠现象是一种超距关联。量子世界里的超距关联，物理学家称之为量子纠缠。假设有两个量子粒子 A 和 B，它们处于一个量子状态，一个粒子具有速度 v，另一个具有速度 $-v$。那么，当我们通过测量了解到甲粒子具有速度 $-v$，那么无论乙粒子离得多远，我们都会立刻知道乙粒子具有速度 v。墨子号已经向我们证明，即使是在 500 km 之外，两个光子之间的量子纠缠仍然存在。同时，越来越多的实验已经证明，量子纠缠是一种微观粒子中客观存在的现象。

这就好比在日常生活中，当你匆忙出门旅行，到达目的地后，发现包里只有一只右手手套，无论你离家多远，你立刻知道被遗忘在家里的那只手套是左手的。

量子力学是一门科学，它已经经过实验的严格检验，它的进一步发展正在向实用化和工程化转化方向前进。

拓展知识

手机里的量子力学技术

其实，量子力学相关的技术早已深入我们日常生活的每个角落。只是在这些技术里，量子力学像一个不求名利的幕后英雄。我们以手机的芯片为例来展示一下量子力学对技术发展的革命性贡献。现代手机芯片大概一个指甲盖那么大，含有几十亿个晶体管，每秒能处理十亿次左右的运算。没有量子力学，这是不可能的。人们很早就注意到了金属会导电，而以金刚石为代表的各类宝石却不会导电。物理学家无法用经典物理来理解这些现象。最后在量子力学的帮助下，物理学家成功地解释了这些材料的导电性质，并且发现了一种介于金属和绝缘体之间的材料——半导体。通过物理手段，人们可以轻易地调节半导体的导电性能，让它在导电和不导电间快速切换。利用半导体的这个独特的性质，物理学家在 1947 年发明了晶体管。在以后的几十年里，工程技术人员不断完善和发展晶体管工艺，晶体管越变越小，现在手机芯片上的晶体管只有十几纳米（约 1 m 的一亿分之一）大小。

（资料来源：《量子科技：领导干部公开课》）

☞ 讨 论

　　你知道量子力学还有哪些应用吗？

8.2.3　量子比特

　　在了解量子比特之前，我们得先了解什么是经典比特。经典比特是二进制变量，是信息表示和计算的基本单元，其数值一般为二进制的 0 或者 1。每一个比特位，一个比特要么是 0，要么是 1。即一个比特的状态是唯一的，如图 8－10 所示。例如，一个字节由 8 个比特组成。

　　正如经典比特是信息和计算的单元，量子信息和量子计算的单元是量子比特。不同的是，量子比特中的一个比特既可以是 0，也可以是 1。由于量子叠加性，每一个量子比特同一时刻可以处在两个不同的状态上，这里要注意这个"同时"，这样一个量子比特同时可以当作 2 个经典比特来使用，如图 8－11 所示。量子力学允许量子比特是同一时刻两个状态的叠加，这是量子计算的基本性质。

10101110　　　　　**10101110**

图 8－10　经典比特表示信息 　　　　图 8－11　量子比特的信息表示

　　表示出来为，1 个量子比特可能的基本状态是 $|0>$ 态和 $|1>$ 态，量子叠加态的一般形式是 $a|0> + b|1>$。

　　两个量子比特的 4 种可能的基本状态是 $|00>$ 态、$|01>$ 态、$|10>$ 态和 $|11>$ 态，量子叠加态的一般形式是 $a|00> + b|01> + c|10> + d|11>$。

　　n 个量子比特有 2^n 种可能的基本状态，量子叠加态的一般形式就是这 2^n 个基本状态相加。

2019 年，谷歌的量子处理器用了 53 个量子比特，它们的基本状态就是 53 个 0 或 1 组成的字符串，总共有 2^{53} 个，约等于 1 016，也就是 1 亿个亿！在量子叠加态上得到某个测量结果的概率，就是将从每一个基本状态下得到那个测量结果的波函数或概率幅相加，然后再做平方。

量子比特相对经典比特有着超强的数据表示和携带能力，2019 年谷歌量子计算机，2020 年中国九章量子计算原型机的问世，都体现了量子计算的优越性。

> ☞ 知识小梳理
>
> 经典计算里，一个比特处于 0 或者 1 两种状态之一，两个比特处于 00、01、10、11 四个状态中的某一个。但在量子计算机里，四个状态可以同时存在。随着比特数越来越多，叠加存在的状态数是呈指数增长的。

8.2.4 量子信息技术

在量子力学中，量子信息（quantum information）是关于量子系统"状态"所带有的物理信息。量子信息技术是通过量子系统的各种相干特性（如量并行、量子纠缠和量子不可克隆等）独特的物理现象，进行信息的获取、计算、编码和信息传输的全新信息处理方式。其是量子力学与信息科学的交叉学科。

近年来，随着对量子力学原理的认识、理解和研究的不断深入，以及对微观物理体系的观测和控制能力的提升，量子信息技术的重要研究成果和舆论热点层出不穷，例如量子计算机、量子密码、量子传感等。

量子信息技术主要包括量子计算、量子通信和量子测量三大领域。

量子计算以量子比特为基本单元，利用量子叠加和干涉等原理进行量子并行计算，用量子力学原理作为计算逻辑。相对经典比特有着超强的信息表示和计算处理能力，能够在特定计算困难问题上提供指数级计算加速。

量子通信利用叠加态或量子纠缠效应等进行信息或密钥传输，基于量子力学原理保证传输安全，主要分为隐形传态和量子密钥分发两类。其是未来信息计算的重要发展方向之一。

量子测量基于微观粒子系统及其量子态的精密测量，完成被测量物理量的变换和信息输出，在精度和灵敏度、稳定性等方面比传统技术有明显优势。

8.2.5 量子科技

2020 年 10 月 16 日，中央政治局会议就量子科技研究和应用前景进行了集体学习，习近平总书记主持学习，并要求加强量子科技发展战略谋划和系统布局。表明量子领域发展即将进入快车道并有望迎来政策方面更大的扶持力度。

量子科技是事关国家安全和社会经济高质量发的战略领域。它要求加强顶层设计和前瞻布局，党中央已经做出了在量子科技领域组建国家实验室，实施"科技创新 2030—重大项目"的战略决策，将为我国量子科技的长远发展打开新的局面。

下面就来普及一下量子科技知识和行业概况。

自问世以来，量子科技已经经历了第一波浪潮。从技术趋势上来看，第一次量子革命启动了基于量子力学原理的最初一轮技术革命，人类开始认识和掌握微观物质世界的物理规律并加以应用，诞生了包括原子弹、激光、半导体和磁共振成像（MRI）等具有划时代的改变历史进程的重大科技突破。被誉为20世纪最伟大的科学发现成果之一。

我们当下所说的量子科技已经是第二次量子革命了，进入21世纪，科学家将量子力学应用到信息领域，从而诞生了量子信息技术。它催生出量子计算、量子通信、量子测量三大领域的变革，开辟了信息技术发展的新方向，因此我们将量子信息的诞生称为第二次量子革命。

全新的量子技术正从实验室走出来，将会使传感、通信、量子医疗、信息处理等领域获得前所未有的跨越式发展。但最大的挑战还是在于如何将技术概念变为原型，以及如何成功地将原型进行商业化、实用化。

8.3 量子科技具体应用

8.3.1 量子计算领域

量子科技在量子计算领域有显著的进展。量子计算的研究始于20世纪80年代，经历了科研机构基础理论和编码算法研究阶段，现已进入产业和学术界共同验证和原理样机攻关阶段。量子计算包括量子处理器、量子计算机、量子算法、量子软件，以及外围平台和上层应用等。

思政案例

"天河二号"算出量子霸权标准

2019年11月，由在国际上率先开启称霸标准研究的国防科技大学计算机学院吴俊杰带领的QUANTA团队、联合信息工程大学等国内外科研机构，提出了量子计算模拟的新算法。该算法在"天河二号"（图8-12）超级计算机上的测试性能达到国际领先水平。

图8-12 "天河二号"超级计算机原型

谷歌的工作也引用了这项结果的预印版论文。当地时间 2019 年 11 月 4 日，国际权威期刊《物理评论快报》正式在线发表了该成果。

量子霸权，代表量子计算装置在特定测试案例上表现出超越所有经典计算机的计算能力，实现量子霸权是量子计算发展的重要里程碑。该项研究提出了一种依赖于量子纠缠度的模拟算法，开发了通用量子线路模拟器，并在"天河二号"超级计算机上完成了量子霸权测试案例——随机量子线路采样问题的模拟，实际测试了 49、64、81、100 等不同数目量子比特在不同量子线路深度下的问题实例，计算性能达到国际领先水平。

从目前的发展情况来看，量子计算还处于原型机研发阶段，技术上仍面临多项挑战，距离技术成熟还有很长的一段路要走，但是一旦技术得到突破，那么市场前景将会异常广阔。

思政案例

"九章"光量子计算原型机

北京时间 2020 年 12 月 4 日凌晨 3 点，一篇重要文章以 First Release 形式在线发表在《科学》（Science）杂志，宣布了中国的研究团队在光量子计算方面实现了量子计算优越性。这一 76 光子的量子计算原型机被命名为"九章"。之所以将这台新量子计算原型机命名为"九章"，是为了纪念中国古代最早的数学专著《九章算术》。《九章算术》是中国古代张苍、耿寿昌所撰写的一部数学专著，它的出现标志中国古代数学形成了完整的体系，是一部具有里程碑意义的历史著作。而这台叫作"九章"的玻色采样新机器（图 8–13），同样具有重要的里程碑意义。

图 8–13　九章光量子干涉实物图

根据现有理论，"九章"量子计算系统求解数学算法高斯玻色取样只需 200 s，而目前世界最快的超级计算机要用 6 亿年。实验结果显示，"九章"处理特定问题的速度比目前世界排名第一的超级计算机"富岳"快 10^6 亿倍，同时，也等效地比上一年谷歌发布的 53 个超导比特量子计算原型机"悬铃木"快 100 亿倍。这一突破使我国成为全球第二个实现"量子优越性"的国家。

我国量子计算机的研制已经从高校、研究所为主发展为以公司为主力，从实验室的研究迈进企业的实用器件研制。量子计算机将经历 3 个发展阶段。

1. 量子计算机原型机

比特数较少，应用有限，是地地道道的按照量子力学规律运行的量子处理器。如 2017 年 5 月由中国科学技术大学研究组联合研制的世界上第一台超越早期经典计算机的基于单光子的量子模拟机。

2. 量子霸权

指在某些特定复杂问题的计算上超越经典计算机，可实现指数量级的运算处理加速。体现的是量子计算的优越性。如天河二号、九章量子计算机和谷歌的 53 位量子计算机。量子计算机，是以量子比特为基础，一台真正的量子计算机运算能力顶得上现在世界所有的计算机运算能力之和。

需要指出的是，我国现在的量子计算机的发展水平距离实用化仍有很大的距离。即使是最快的"九章"，也只跨越了第一阶段。这是因为量子计算系统非常脆弱，极易受到材料、温度、噪声等外界因素的影响，使计算准确性受到影响，甚至破坏计算能力。此外，量子处理器需要在苛刻的环境下进行运算和存储，也限制了它的发展，如图 8-14 所示。

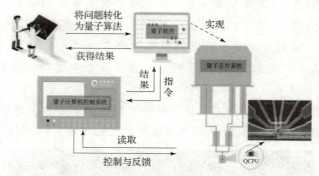

图 8-14 量子计算机的实际操作过程

量子计算机涉及的关键技术部件有核心量子芯片及其制备技术、量子控制系统、量子软件及量子云服务平台。有些技术（包括容错能力）和实际需求尚有很大差距。

3. 通用量子计算机

这是计算机研制的终极目标。可用来解决任何问题，在各个领域得到广泛应用。

量子计算机有广阔的空间和范围，如密码破译、大数据优化、材料设计等，都可以获得量子计算机的支持，从而解决重大的国计民生问题，并产生巨大的经济价值。正如有科学家预言，量子计算机会被广泛使用，甚至每个人都可以使用。

同时，量子计算机的发展，会为人工智能加持，从而减少 AI 应用方面的错误，并创造出允许早期诊断问题的智能系统。

因此，量子计算机也是目前科技强国重点公关的技术难题。

8.3.2 量子通信领域

量子通信是量子信息领域最接近实用化的一个方向，量子通信的发展步伐要比量子计算快，是量子信息中研究较早的领域。量子通信具有绝对保密、通信容量大、传输速度快等优点，可以完成经典通信所不能完成的特殊任务。量子通信可以用来构建无法破译的密钥系统，因此量子通信成为当今世界关注的科技前沿。它是继电话和光通信之后通信史上的又一次革命。

正如前面所讲，量子通信的基本思想主要包括两部分：一为量子密钥分配，二为量子态隐形传输。量子态隐形传输一直是学术界和公众的关注焦点。其基本思想是：将原物的信息分成经典信息和量子信息两部分，它们分别经由经典通道和量子通道传送给接收者。量子密钥分配不是用于传送保密内容，而是在于建立和传输密码本，即在保密通信双方分配密钥，俗称量子密码通信。

量子通信技术的实用化，要求如同现在的经典通信一样，在一定的范围构建通信网络，满足大量用户的通信需求。基于成熟的光纤量子通信技术，目前已经可以建造简单的量子通信网络。国内外已经建设了为数甚多的量子通信技术验证网络。

应用案例

从线路到网络

2008 年，潘建伟小组在合肥演示的"量子电话网"在世界上首次实现了实时网络通话和 3 方对讲功能。该成果很快被 *Science* 以"量子电话呼叫（Quantum Phone Calls）"为题进行了报道。接着英国 *Physics World* 又以"中国建立了量子网络（China creates quantum network）"为题做了专题报道。这一成果在通信速率和安全距离方面都有了本质的飞跃，标志着无条件安全的量子通信已真正步入实用化阶段。

不久，该研究组再接再厉，利用自主研发的光量子程控开关，于 2009 年 8 月在合肥成功实现了 5 节点的星型量子通信网络。这是国际上首个全通型的量子通信网络，展示和检验了系统组网的能力。实用量子通信系统的有效通信距离和覆盖面积已达到城市范围。

2009 年 5 月，中国科技大学郭光灿小组在安徽芜湖建成了世界上第一个"量子政务网"，并投入试运行。该网络融合了国际上现有的三种组网技术，首次设计出具有多层次、旨在满足不同用户需求的多功能量子保密通信网络，通过该网络可以完成任意两点之间的绝对保密的通信过程，不仅可以实现保密声音、保密文件和保密动态图像的绝对安全通信，还能满足通信量巨大的视频保密会议和大量公文保密传输的需求。芜湖"量子政务网"所使用的核心器件和设备，包括最关键的光电调制芯片，全部为我国自主研发或与国内单位联合研制，整个网络已经实现国产化。这一成果使我国具有全部知识产权的单向量子保密通信方案和设备，以及量子保密通信网络核心组网技术真正在实际工作中得以应用。芜湖"量子政务网"的建成标志着我国量子保密通信基础研究的成果，已经开始向产业化转化。

（资料来源：http://www.kepu.net.cn/gb/special/quantum_communication/index.html）

思政案例

墨子号与"京沪干线"量子通信网络

2016 年,"墨子号"量子科学实验卫星发射成功,使我国在国际上率先实现高速星地量子通信,通过连接地面光纤网络,初步构建我国广域量子通信网络,如图 8 – 15 所示。"墨子号"典型案例中,用到了量子加密,量子加密是最强加密手段,通过量子技术来传送秘密钥匙,根据测不准原理,秘密钥匙无法被第三者探测到,并且一旦试图去探测、测量量子态的某个性质时,会使另一个性质受到扰动,也就是说,一旦试图破解,就会被发现,所以说理论上不可能被破译。

图 8 – 15　墨子号量子保密通信

"京沪干线"是连接北京、上海,贯穿济南和合肥全长 2 000 余千米的量子通信骨干网络,并通过北京接入点实现与"墨子号"的连接,是实现覆盖全球的量子保密通信网络的重要基础。"京沪干线"项目于 2013 年 7 月立项,于 2017 年 8 月底在合肥完成了全网技术验收,2017 年 9 月 29 日正式开通,是世界上最远距离的基于可信中继方案的量子安全密钥分发干线,如图 8 – 16 所示。

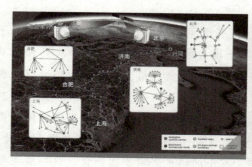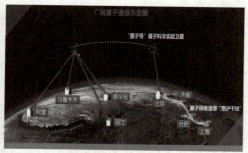

图 8 – 16　京沪干线（图片来源网络）

"墨子号"实现的天地之间的量子通信,再加上"京沪干线"所实现的千千米级光纤城际量子通信网络,一起构成了天地一体化广域量子通信网络的雏形。这是国际上量子信息领域一大标志性事件。

（资料来源:https://baike.baidu.com/item/京沪干线;《量子科技:领导干部公开课》）

量子通信最终的目标则是全球量子通信网络。目前，我国的量子通信网络建设和示范应用项目的数量和规模已处于世界领先地位。但量子通信的商用化和市场开拓仍需进一步探索推广。

当前量子通信的研究现状是：①城域网络，范围城市范围内利用现有的光纤网络构建城域量子通信网络，已接近实用；②城际网络，相隔距离不太远（100 km 量级）的城市间可以利用可信中继连接各自的城域网，构成城际量子通信网络，实用仍然有一定的距离，主要是实用的量子中继器技术的制约；③洲际网络，在更远的距离上（如相隔遥远的城市间，或者国际间以及洲际间），通信网络的连接，需要通过卫星的中转实现星地量子密钥分发，建造这样的网络困难重重。

未来传统的保密通信技术在拥有强大算力的量子计算机面前将会不堪一击，很快被破解，量子加密对于军方和国家机密意义非凡，明白了这一点，就会明白为什么国家高层如此重视量子科技。

8.3.3　量子测量领域

量子测量主要用于精密测量上，不仅对基础科研方面有重要的价值，而且涉及军事、医疗、生物、能源等诸多领域。在国防建设和军事应用领域极具战略价值，受到世界各国政府和研究机构的重视。

目前量子时钟源、量子磁力计、量子雷达、量子重力仪、量子陀螺等领域都有样机产品报道。

应用案例

金刚石氮位（NV）色心量子传感

2019 年 10 月 21 日消息，中国科大郭光灿院士团队在实用化量子传感的研究中取得重要进展，实现 50 纳米空间分辨力高精度多功能量子传感。该系列研究成果发表在应用物理权威期刊 *Physical Review Applied* 上。

微纳光电子技术已经成为当前信息领域的核心技术之一，同时也在能源、环境、生物医学等领域发挥重要作用。一般情况下，微纳光电子器件具有尺寸小、电磁场强度低且易受干扰等特点。因此，微纳电磁场探测技术需要同时解决高空间分辨力、高测量灵敏度及对待测量非破坏性等难题和挑战。

郭光灿院士团队聚焦于上述微纳电磁场测量的挑战和难点，提出利用量子传感和量子探针等新思想和新方法，发展了具有纳米级空间分辨力的远场光学超分辨成像新技术。该成果为高空间分辨力非破坏电磁场检测和实用化的量子传感打下基础，可用于微纳电磁场及光电子芯片检测。

金刚石氮位（NV）色心是近期备受关注的自旋量子位，可实现对多种物理量的超高灵敏度检测，广泛应用于磁场、加速度、角速度、温度、压力的精密测量领域，具有巨大的潜力。目前金刚石色心测量系统已经实现芯片化，基于金刚石色心的芯片陀螺仪、磁力计、成像装置均有报道。

（资料来源：https://www.xianjichina.com/special/detail_425086.html，贤集网；中国科大官网）

同时，在精密测量领域，也将会大幅度提升导航、激光制导、水下定位、医学检测和引力波探测等准确性和精度，潘建伟说："潜艇水下自主导航 100 天的精度误差小于 1 km，这样下潜后不用再浮上来矫正距离误差。"说的是拥有量子导航系统的这类潜舰在水下作业 100 天后，舰长仍能在太平洋精确定位，都不必浮上水面来定位卫星信号，而误差范围只有几百米。该原理也可以用于汽车导航，不用接收 GPS 的信号，也可实现精准指路。

中科院院士杜江峰团队开发的量子脉冲式电子顺磁共振波谱仪、钻石单自旋量子测精密测量谱仪等产品已在科学研究和医学研究领域进行了市场投放，在能源探测设备研制和电力电网领域进行了探索。

8.3.4　其他应用领域

量子黑科技还有哪些应用？

量子力学带来了丰富的技术和应用，深刻地改变了人类的文明和历史。事实上，早在 20 世纪 90 年代，诺贝尔奖得主莱德曼就指出，量子力学贡献了当时美国国内生产总值的 1/3，现在更是很难找到与量子无关的新技术。

量子科技的应用广泛。除了前面所讲的量子计算、量子通信、量子测量外，还有量子时钟：通过捕获原子和离子，制作最高精度的计时器；量子成像：通过激光成像雷达技术和高精度单光子探测技术突破传统相机的局限，实现远距离成像，同时，即使在雾霾情况下，也能对远距离目标清晰拍摄；量子传感器：最高精度的光、电、磁场及引力的运动的测量设备；量子植入：量子能量转能加载驻波技术等。

在第二次量子革命时代，可能生活中无时无刻不在接触量子技术：它有可能在我们的手腕上，在屏幕里，在小汽车里，在通信设备中……

> **应用案例**
>
> #### 单光子相机如何实现"雾里看花"
>
> 从两个实验说起。第一个例子是搭建一个 8 km 的系统，用单光子相机对 8 km 外一个人的模型进行识别，还有雾霾的影响。用传统相机进行拍摄，基本上只能看到楼，但是里面什么样是看不出来的。用单光子相机拍摄，很清晰地看到，这个人把手举起来了。同时，实验还做了各种各样的人的姿态的模拟和识别。同样，用传统的相机，基本上人的姿态是识别不出来的。而单光子相机可以很清晰地看到是两只手举起来还是一只手举起来。跟真实的图像对比，很清晰地看到，识别是非常准确的。这是第一个近距离对人体的姿态的识别实验。
>
> 第二个例子是 2018 年 8 月实现的一个远距离的实验：在 45 km 外，对浦东民航大厦进行拍摄。用到了新算法，得到一个最优的结果，每个像素点只用大概两个光子，可以很清晰地看到一个大楼的轮廓。而传统相机和最好的天文望远镜配合只得到一个非常模糊的图像。
>
> 这是怎么做到的呢？远距离单光子相机的核心是激光成像雷达技术，以及高精度

单光子测量技术。未来对这种远距离拍摄和低能耗有很多需求，包括我们所说的无人车导航激光雷达。目前从成像距离、灵敏度两个方面来看，我们已经实现了国际领先。

（资料来源：《量子科技：领导干部公开课》，中国科技大学徐飞虎教授）

☞ **思　考**

你知道量子植入技术用在什么领域吗？具体是什么？

小结

量子科技既是新的机遇，也是挑战。量子科学和技术其实已经在方方面面影响着我们的日常生活。我们目前正在广为使用的计算机、手机、互联网、时间标准和导航，包括医院里的磁共振成像等，无一不得益于量子科学和技术。

我国的量子技术，目前主要是量子通信科技，在全球处于绝对的领先地位。而在量子计算领域，世界上目前处在中美两强你追我赶的阶段。据最新的报道，我国目前已经突破 64 bit 的量子计算能力，而谷歌随即宣布，他们已经实现 72 bit 的量子计算能力。

量子科技是我国具有的为数不多的能够实现弯道超车的尖端科技之一，所以，集中优势资源，加大投入力度，应该是我们需要着手规划的。目前全球对量子技术的研究还处于初始阶段，距离技术成熟还有很长的一段路要走，但是一旦技术得到突破，那么市场前景将会异常广阔。

思考与练习

1. 什么是量子？
2. 什么是量子力学？
3. 结合本章，谈谈你所了解的量子科技的典型应用。